Linus

oder

Auch Katzen kennen Karma

Izzy O'Brian

Machandel Verlag

Band 5 der Machandel-Verlag-Katzenreihe

Für Kathrin, Sandra und Lukas,
die mir gezeigt haben, was Mamasein bedeutet.

Machandel Verlag
Charlotte Erpenbeck
Cover-Bildquelle: und Illustrationen:
Maria Stezhko/shutterstock.com
Druck: booksfactory.de
Haselünne
1. Auflage 2021
ISBN 978-3-95959-207-9

Die Umstände machten aus uns das,
was wir wurden.
(Ferris MC)

Die Sache mit den sieben Leben

Wie jeder weiß, haben wir Katzen sieben Leben.

Danach ist allerdings Schluss mit Schnurren, aus die Maus, Schicht im Katzenklo.

Es sei denn, man hat einen Menschen mehr geliebt als sich selbst. Dann darf man über die Regenbogenbrücke, um dort auf denjenigen zu warten. Das gilt natürlich auch umgekehrt, je nachdem, wer zuerst die Bürste abgibt.

Auch das ist vielen bekannt.

Was die Zweibeiner allerdings nicht wissen – wir Katzen haben tatsächlich Karma.

Das heißt, wir dürfen zwar nach jedem Leben Wünsche äußern, wo und wie wir das nächste verbringen wollen. Das gesammelte Karma aber entscheidet über die Auslegung dieser Wünsche. Und das kann auch gewaltig nach hinten losgehen, denn, ganz unter uns, das Karma ist ein miesepetriger Paragraphenkacker!

Außerdem mag es mich nicht. Spätestens seit Chantale. Dabei hatte sie den Tod wirklich verdient. Ihr glaubt mir nicht?

Na gut. Macht es euch gemütlich, nehmt eine Schale Milch - ich erzähle euch alles der Reihe nach.

Das erste Leben

Mein Wunsch: Eine liebevolle Umgebung, in der das
                  Füttern nicht vergessen wird.
Das Ergebnis: Ein Altersheim.
Erster Eindruck: Genial!

Ich war so glücklich, dass ich lauter schnurrte als ein Tiger im Megaphon. Alle Menschen liebten mich. Mir wurden regelrecht Löcher ins Fell gekrault, auf jeder Decke war ich willkommen und erst die Leckerlis! Herrlich.

Dann kam Oscar. Ihr wisst schon, diese olle Mieze, die sich immer nur zu Sterbenden gelegt hat.

Damals lernte ich, Menschen sind Pharisäer. Ein Buch reicht und das Lieblingstier wird zum Staatsfeind Nummer eins degradiert.

Kaum lugte ich ins Zimmer, schon krachten die ersten Sachen gegen die Wand. Hausschuhe, Schnabeltassen, Tablettenröhrchen – wirklich alles! Die Hexe aus Zimmer 8 warf sogar ihr Gebiss nach mir. Wären die alten Herrschaften etwas zielsicherer gewesen, wäre mein erstes Leben vermutlich durch eine fliegende Bettpfanne beendet worden.

Danach hätte ich mich nirgends mehr blicken lassen können. Also musste dieses Buch weg! Und zwar schleunigst.

Doch egal, ob ich es aus dem Fenster warf, Seiten herausbiss oder ins Katzenklo verschleppte – es kehrte jedes Mal unversehrt zurück.

Erst als ich es mitten im Gang deponierte und gründlich anpinkelte, hatte der Spuk ein Ende (Nein, darauf bin ich nicht stolz! Aber ein Kater muss tun, was ein Kater tun muss.)

Danach brauchte ich nur noch ein paar Tage warten und die Demenz erledigte den Rest.

Das dolce vita hatte mich zurück.

Dummerweise nicht besonders lang.

Nach vier Jahren beendete eine Herzverfettung den paradiesischen Zustand. Von wegen Essen hält Leib und Seele zusammen.

Das zweite Leben

Mein Wunsch: Nur noch ein zuständiger Mensch, der außerdem auf die Gesundheit achtet und keine Bücher liest.
Schon gar keine über Katzen.
Das Ergebnis: Eine bloggende Veganerin.
Erster Eindruck: Könnte klappen.

Veronika. Mein neuer Mensch hieß Veronika Maria Sophia Meyer. Dass sie diesen Namen loswerden wollte, verstand ich. Warum sie sich VeggieBraut2 nannte, nicht.

Aber gut, dachte ich, jeder hat eben seine Eigenheiten. Und was seltsame Ideen angeht, konnte mich nach dem Altersheim nichts mehr erschüttern.

Die ersten Monate verliefen durchaus harmonisch. Während sie an ihrem Bezee saß und mit den Fingern klopfte, schlief ich auf einem der unzähligen Kissen. Wenn ich Liebe wollte, brauchte ich nur den Kopf an ihrem Bein zu reiben und schon hob sie mich hoch, spielte mit mir oder gab mir Futter.

Nach und nach begann sich unser Leben zu verändern.

An jedem Fenster wucherte Unkraut, die seltsamen Duftwolken, mit denen sich Menschen so gerne einnebeln, verschwanden gänzlich. Ebenso wie der Mann, der so herrlich nach Wurst roch. Definitiv ein Verlust, aber verschmerzbar. Immerhin hatte er nur selten geteilt.

Dass sie unterdessen mehr und mehr Zeit vor dem Bezee verbrachte, kam mir sogar entgegen. Nach dem ersten jugendlichen Überschwang schlafen wir Katzen schließlich gern. Außerdem blieb das Futter tadellos.

Da außer uns beiden niemand die Wohnung betrat, fing sie irgendwann an, mir von ihrem Tag zu erzählen. Vor allem von der ekeligen, dicken Kollegin, die ihr gegenüber saß und ihr ständig was zu essen anbot.

Ihr Problem damit verstand ich zwar nicht, aber als Katze musste ich ja auch kein Mitgefühl heucheln. Ich blieb einfach stoisch liegen und ließ den Redefluss über mich ergehen.

Am liebsten philosophierte sie über die Menschen im Allgemeinen und die Zerstörung der Umwelt im Besonderen. Nach und nach wurde der Tonfall der Vorträge unangenehm. Aufgeregt und schrill, teilweise sogar wild gestikulierend wanderte sie durch die Wohnung. Viel zu anstrengend für einen Kater. Ich verzog mich ins Schlafzimmer und sie sich ins Internet. Dort trieben sich ähnliche Spinner herum, die ihr noch den einen oder anderen Floh mehr ins Ohr setzten.

Allerdings sind Flöhe furchtbar. Das kann euch jede Katze bestätigen.

Dann wurden wilde Pläne geschmiedet. Von zerstörten Fabriken und befreiten Tieren war die Rede – und noch jede Menge weiterer Humbug. Aber abgesehen von dieser eklatanten Ruhestörung war es mir vollkommen gleichgültig, dass sie sich umbenannt hatte und jetzt als FighterforVeggie die Welt retten wollte. Wenn es ihr Spaß machte, bitte sehr. Beste Grüße an die Welt, aber lasst mich in Ruhe schlafen.

An einem verregneten Herbsttag beging sie den einen, entscheidenden Fehler: Sie weigerte sich, mir mein Futter zu kaufen.

Nie wieder wollte sie eine Metzgerei betreten oder tote Tiere in der Wohnung haben. Stattdessen sollte auch ich mich gesund ernähren.

Was, bitteschön, ist für eine Katze gesünder als Frischfleisch? Ich meine, hallo – wir sind Fleischfresser! Eine vegane Katze ist in etwa so sinnvoll wie ein Regenwurm in einer Stepptanzgruppe.

Und kommt mir jetzt bloß nicht mit fleischfressenden Pflanzen. Die haben sich das selbst ausgesucht.

Aber wenn sie einen Kampf haben wollte, konnte sie haben.

Mit den Waffen einer Katze würde ich sie, da war ich mir sicher, rasch in die Knie und zurück zum Metzger zwingen.

Wie es sich für einen Kater gehört, strafte ich den Napf mit Verachtung.

Einen Tag, zwei Tage.

Natürlich wechselte ich kunstvoll ab zwischen lautstarkem Protest und theatralischen ich-kann-mich-kaum-noch-auf-den-Beinen-halten.

Sie blieb eisern.

Ich auch.

An Tag drei begann ich die Tür zum Vorratsraum zu zerkratzen und mit entkräfteter Stimme erbärmlich zu mauzen.

Sie drehte diesen Lärm namens Musik lauter.

Also stellte ich das Schreien ein und fuhr die Krallen aus. Am vierten Tag zerlegte ich systematisch alles, was ihr lieb war.

Am fünften Tag sperrte sie mich ins Bad, wo ich mich tot stellte.

Am sechsten Tag brachte ich mich um.

Versehentlich natürlich. Aber tot bleibt tot, egal wie es dazu kommt.

Das Küchenfenster stand auf Kipp und von draußen zogen herrliche sinnesvernebelnde Gerüche herein. Obwohl ich wusste, dass es eine dämliche Idee war, konnte ich nicht anders.

Ich musste einfach hinaus!

Ihr ahnt es vermutlich schon. Ich rutschte ab, blieb im gekippten Fenster hängen und verreckte dort. Entschuldigt die Wortwahl, aber anders kann ich es nicht nennen. Ersticken ist grausam.

Das dritte Leben

Mein Wunsch: Eine kleine Gruppe, in der auch auf
                       den Schwächsten Rücksicht genommen
                       wird und es keine Computer gibt.
Das Ergebnis: Eine Familie mit drei Kindern.
Erster Eindruck: Hier liegen aber viele Spielsachen
                       herum.

Poppy liebte mich am meisten. Von Anfang an schleppte sie mich mit sich herum, stopfte mich zu sich unter die Decke, schmuggelte mich sogar in der Jacke mit in die Schule. Es war ein bisschen lästig, so geliebt zu werden, aber sie war ja noch ein Menschchen und würde irgendwann größer werden. Darauf hoffend, ließ ich mir alles von ihr gefallen.

Selbst als sie mich in rosa Kleidchen steckte und im Puppenwagen herumfuhr. Vielleicht, so dachte ich in den seltenen ruhig aneinander gekuschelten Momenten, könnte sie sogar der eine Mensch sein, der mich jenseits der Regenbogenbrücke abholen würde.

Aber es kam anders.

Eines Tages brachte Poppys Mutter ein neues Baby mit nach Hause.

Ein hässliches kleines Ding, das ständig schrie und am ganzen Körper rote Flecken hatte. Trotzdem tat es mir leid, da es ständig zum Arzt gebracht wurde. Allein schon bei dem Gedanken an meinen Tierarzt richtete sich mein Nackenfell auf. Und der arme Zwerg hatte noch nicht einmal Haare am Kopf! So konnte er bestimmt keinen Arzt einschüchtern.

Eines Tages riss mich Poppy mitten aus dem schönsten Nickerchen und presste ihr nasses Gesichtchen gegen mein Fell. Eine Zumutung! Aber inzwischen hatte ich gelernt, dass ein nasses Gesicht bei Menschen ein schlechtes Zeichen ist und hielt tapfer still.

Die ganze Nacht ließ mich Poppy kein einziges Mal los. Selbst am Katzenklo kauerte sie neben mir. Etwas irritierend, aber Kinder sind wie alte Menschen. Man muss sie lassen, dann brüllen sie nicht herum.

Als es wieder hell wurde, musste Poppy in die Schule – und ich wurde samt Kratzbaum und Wasserschüssel einfach bei einer fremden Frau abgegeben.

Fassungslos stand ich am Fenster zur Straße und mauzte dem wegfahrenden Auto hinterher. Was hatte ich falsch gemacht? Ich verstand die Welt nicht mehr.

Bestimmt war es ein Missverständnis.

Schließlich hatte ich schon ganz lange, also mindestens einen haben Mondlauf, keine Pflanze mehr ausgegraben und nichts vom Esstisch geklaut. Gut, da lag auch nichts Lohnendes mehr, seit ich einmal mit der Ente abgehauen war.

Aber trotzdem.

Ich war unschuldig!

Beflügelt von der Hoffnung, dass Poppy mein Mensch sein könnte, wurde ich Meister im Ausbrechen. Um danach den Weg nach Hause zu finden, brauchte ich zwar mehr Versuche, als ich Krallen an den Vorderpfoten habe, aber ich schaffte es.

Endlich tauchte das gelb gestrichene Haus mit dem großen Garten vor mir auf. Mit immer schnelleren Sprüngen wetzte ich meiner Poppy entgegen. In einem Satz flog ich über der Mauer. Dann noch im Zickzack um die Büsche herum und hinein durchs offene Küchenfenster. Mein begeistertes Miauen schallte durchs ganze Haus. Nur wenige Herzschläge später würde Poppy die Treppe herunterpoltern, mich in eine ihrer rippenquetschenden Umarmungen schließen und ich wäre endlich wieder zuhause.

Mein Glück, tatsächlich heimgefunden zuhaben, ließ mich total aufgekratzt im Kreis rennen. Ich schrie und schrie und schrie nach Poppy – aber niemand kam.

Langsam fiel die Aufregung von mir ab, der Schwanz sank Richtung Boden, die Pfoten standen still. Dann sah ich mich erst richtig um. Nichts hatte sich verändert – und gleichzeitig alles.

Nicht einen Hinweis gab es mehr, dass ich hier gelebt hatte. Gut, dass meine Spielsachen und die Schüsseln weg sein würden, hatte ich annehmen müssen. Aber warum waren alle Bilder verschwunden? Unzählige Fotos von Poppy und mir hatten an den Wänden gehangen und am Kühlschrank ein Pfotenabdruck.

Ein seltsames Gefühl ließ meine Brust enger werden. Etwas, das ich so noch nie gespürt hatte. Was war hier geschehen?

Geduckt schlich ich ins Wohnzimmer, von dort zum Vorraum und schließlich die Treppe hinauf.

Doch das ganze Haus war menschenleer.

Enttäuscht schlich ich schließlich wieder aus dem Haus heraus und setzte mich draußen vor das Fenster. Meine Heimkehr hatte ich mir anders vorgestellt. Aber Aufgeben stand nicht zur Diskussion. Entschlossen richtete ich mich wieder auf. Noch war nichts verloren. Bilder konnten wieder aufgehängt und Schüsseln neu aufgestellt werden. Ich musste nur etwas Geduld haben, bis Poppy aus der Schule kam. Bestimmt hatte sie heute nur länger dort bleiben müssen und würde jeden Augenblick kommen.

Tatsächlich dauerte es noch eine ganze Weile. Die Sonne wanderte übers ganze Haus und näherte sich schon dem Hügel, hinter dem sie immer unterging. Mein Magen knurrte entsetzlich, doch ein ungutes Gefühl hinderte mich daran, mir rasch eine Maus zu fangen. Es kam mir so vor, als hinge mein Schicksal davon ab, dass ich hier sitzen blieb.

Vollkommener Blödsinn.

Aber das wusste ich naiver Kater damals noch nicht.

Damals dachte ich noch das Beste von den Menschen. Trotz der Episode mit Oscar. Und Veronika war im Grund auch nett gewesen. Sie hätte halt ein, zwei Bücher – ja, Bücher! – über Katzen lesen sollen. Mit dem richtigen Futter ausgestattet, hätten wir gut miteinander auskommen können.

Endlich öffnete sich das Gartentor – sogar das elende Quietschen erschien mir wie ein Willkommensgruß – und die Frau kam mit dem Baby herein. Enttäuscht duckte ich mich. Poppy sollte die Erste sein, die mich zu sehen bekam.

Müde vom Warten rollte ich mich unter den Büschen zusammen. Ich würde es ja hören, wenn sie das Türchen öffnete.

Wie erwartet riss mich das Quietschen aus dem Schlaf und ich sprang erwartungsvoll auf die Pfoten. Kam jetzt Poppy?

Sie war es!

Und wie sehr sie sich freute! Wir Katzen sind nur mäßig gut darin, die Mimik der Menschen zu entschlüsseln, aber dieses Lachen war eindeutig.

Sie rief sogar: „Endlich! Ihr seid wieder da!"

Das ‚ihr' hätte mich stutzig machen sollen, aber in diesem Moment war mein Ego größer als ein Schäferhund. Mit weiten Sprüngen wetzte ich Poppy entgegen – und wurde fast über den Haufen gerannt. Fassungslos sah ich, wie Poppy an mir vorbei lief und im Haus verschwand.

Vielleicht wollte sie mir was zu fressen holen?

Die Hoffnung stirbt ja bekanntlich zuletzt und so trabte ich ihr noch immer einigermaßen zuversichtlich hinterher. Ihr wisst ja, Kinder und alte Leute ...

Drinnen folgte die nächste Enttäuschung – und von da an ging es Schlag auf Schlag.

Poppy kniete am Boden und herzte das Baby, wedelte mit einem Spielzeug vor dem feisten Gesicht herum und steckte Kekse in das Sabbermaul.

Das musste ich erst einmal verdauen.

Etwas unvorsichtig tappte ich rückwärts und stieß prompt gegen eine Vase. Es klirrte furchtbar, das Baby brüllte los und als sie mich entdeckten, schrien auch

Poppy und die Mutter. Allerdings nicht vor Wiedersehensfreude. Im Gegenteil.

Statt Leckerlis und Kuscheleinheiten gab es eine zusammengerollte Zeitung, eine Fliegenpatsche, ein riesiges Handtuch und schließlich einen engen, dunklen Pappkarton ohne Löcher.

Dieses Mal stand ich in meinem Exil-Zuhause nicht am Fenster, um dem wegfahrenden Auto nachzusehen.

Der Rest ist schnell zusammengefasst.

Die neue Frau fand einen Mann. Sie bekamen Nachwuchs und ich strenge Regeln. In die Küche durfte ich nicht, in das Kinderzimmer sowieso nicht und in die Nähe des Babys schon mal gar nicht. Irgendwann begannen sie, mich in den Garten zu lassen. Angeblich, damit ich ein schönes Leben hätte. In Wirklichkeit wollten sie mich wohl eher loswerden. Die versprochene Katzenklappe gab es jedenfalls nie und als der Herbst kam, musste das ehemals offene Fenster natürlich geschlossen werden. Immer öfter saß ich vor der Terrassentür, vorsichtig mit der Pfote kratzend und leise um Einlass mauzend. Drinnen liefen die Menschen hin und her, spielten mit dem Kind, aßen, tranken – und ignorierten mich.

Um auf mich aufmerksam zu machen, grub ich alle Blumen aus, warf den Wäscheständer um, verschleppte Stofftiere, pinkelte in die Sandkiste. Aber nichts half. Sie hörten sogar auf, mir das Futter rauszustellen. So, als gäbe es mich gar nicht mehr.

Schließlich hörte ich, wie sie anderen erzählten, ich sei halb verwildert und wolle nicht mehr rein. Da wusste ich, dass ich keine Chance mehr hatte.

Auf der Suche nach einem neuen Zuhause oder wenigstens etwas zu Fressen durchstreifte ich das ganze Viertel. Aber es war vergeblich. Hier lebten so viele Katzen, dass es noch nicht einmal mehr genug Beutetiere gab, geschweige denn Menschen, die uns alle durchfüttern wollten.

Im zweiten Winter überfuhr mich ein Auto. Ich war noch nicht einmal traurig deswegen.

Das vierte Leben

Mein Wunsch: Ein Mensch, der sich nicht fortpflanzt,
trotzdem Gesellschaft wünscht und
die Grundbedürfnisse einer Katze
respektiert.

Das Ergebnis: Eine ständig unglücklich verliebte
Single-Frau.

Erster Eindruck: Nasses Katzenfell müffelt.

Chantale bekam mich als Geschenk zum Auszug aus ihrem Elternhaus. Damit sie nicht so allein sei, hieß es. Tiere zu verschenken ist grundsätzlich eine miserable Idee, aber ich wollte mich nicht beklagen. Chantale wirkte nett, roch nicht übertrieben nach Chemie, stellte gutes Futter hin und spielte ausreichend mit mir, sodass ich mir keine Sorgen machen musste um mein Herz.

Dafür aber bald um ihres.

Das menschliche Herz, das lernte ich rasch, ist ganz anders gestrickt als das einer Katze.

Bei uns geht, Pfote hoch und nicht gelogen, die Liebe gern auch durch den Magen. Wenn ihr dann noch diese eine Stelle – meist hinterm Ohr – findet und regelmäßig krault, könnt ihr euch unserer Zuneigung sicher sein. Wenn es außerdem keine anderen lästigen Mitbewohner gibt, bleiben wir gern ein ganzes Leben lang bei euch.

Das klingt anspruchslos?

Ist es wohl auch. Zumindest im Vergleich mit einem Menschen. Ich bin sicher, das liegt daran, dass wir weder Bücher lesen, noch Filme sehen. Zu glauben, dass man für ein Happy End erst leiden muss, ist gequirlte Mäusekacke. Wer seiner Katze wehtut, liebt sie nicht und ist es nicht wert, dass sie ihre Zeit an ihn verschwendet. Basta.

Aber Menschen, vor allem die weiblichen, wie mir scheint, leiden einfach gern.

Chantale war diesbezüglich ein Paradebeispiel.

In unserer ersten gemeinsamen Zeit kamen und gingen die Männer. Manche brachten Blumen (lecker!), andere Parfüm (bäh!) oder Schokolade (würg!) mit. Einer Sackflöhe. War lustig, die kleinen Krabbeldinger zu jagen. Das anschließende Bad allerdings weniger. Vor allem roch ich tagelang wie das Sofa.

Trotzdem konnte Chantale noch lachen. Halbe Nächte hielt sie sich dieses kleine Bimmelding ans Ohr und quasselte mit anderen Frauen. Es ist wirklich erstaunlich, wie lange sie über Dinge spekulierte, die sie ganz einfach hätte herausfinden können.

Wenn ein Mann neu war, ging es zum Beispiel um Schwanzlängen. Der Punkt blieb mir bis zum Schluss ein

Rätsel. Wo, bitte schön, soll der sein? Meiner ist wunderbar geformt, schön plüschig und mit einer leichten Quaste am Ende. Wenn sie darüber stundenlange geredet hätte – gut. Das hätte ich irgendwo noch verstanden. Aber über einen unsichtbaren Schwanz?

Ebenfalls komisch erschien mir die Überlegung, ob der Aktuelle wohl Kinder wolle und wie seine Mutter sei. Was ist denn das für eine Frage? Kinder gehören zur Paarung, die Mutter nicht.

Wenn derselbe Mann schon öfter bei uns gewesen war, wurden ihre Gespräche wirklich absurd. Da konnten sie die halbe Nacht darüber reden, wie er einen Satz gemeint hatte. Und was sie da nicht alles hineininterpretierten. Ehrlich, ein Märchenbuch ist ein Tatsachenbericht dagegen. Gern hätte ich ihr gesagt:

Menschenskind, frag ihn doch einfach! Und hör dir seine Antwort auch an.

So aber blieb mir nur der Rückzug ins Bad. Zwischen den Handtüchern eingerollt hörte ich fast gar nichts mehr von diesem Unsinn. Allerdings musste ich am nächsten Tag meistens ein Donnerwetter über mich ergehen lassen, weil Chantale nach dem Duschen überall Haare hatte.

Trotz allem, im Großen und Ganzen, ging es uns gut.

Das änderte sich, als der Baum aufs Essen fiel.

Jeden Winter stellen die Menschen einen Baum ins Zimmer, hängen lauter verführerisches Glitzerzeug darauf und wollen, dass wir die Pfoten davon lassen. Dazu duftete es in der ganzen Wohnung nach Braten – den wir aber auch in Ruhe lassen sollen.

Und das soll das Fest der Liebe sein. Bah! Katzenfolterfest trifft es eher. Dieses Weihnachten ist ein weiterer Beweis, dass Menschen unter Liebe etwas anderes verstehen als wir.

Nicht einmal ihnen selbst macht es Spaß. Zumindest Chantale nicht. Die saß heulend vor dem Baum und schaufelte Eis in sich hinein. Ich konnte sie bereits jammern hören, wenn sie die Hose mal wieder nur im Liegen zu bekam. Um sie aufzuheitern, zeigte ich meine besten Kunststücke. Auch das „Ras-auf-den-Baum"-Spiel, bei dem es darum geht, möglichst schnell möglichst weit rauf zu klettern. Ich schaffte es auch tatsächlich bis zur Spitze! Stolz miauend verkündete ich noch meinen Triumph, als der Baum unter meinen Pfoten zu kippen begann. Mit einem gewagten Satz rettete ich mich auf den Esstisch. Eine Pfote landete im Kartoffelbrei, eine andere in der Sauce. Lecker!

Chantal hatte weniger Glück. Sie wurde zusammen mit dem Fernseher unter den glitzernden Ästen begraben. Im Gegensatz zum Fernseher funktionierte sie danach noch. Es dauerte allerdings eine ganze Weile, bis sie sich befreien konnte und alles wieder aufgeräumt hatte. Zum ersten Mal musste ich ihr – klammheimlich – recht geben: Ein starker Mann wäre manchmal ganz praktisch. Dann hätte sie mich bestimmt auch seltener allein gelassen. So aber ging sie regelmäßig auf die Jagd, wie sie es nannte. Nur roch ihre bisherige Beute oft genug wie etwas, das der Hund im Garten ausgegraben hatte.

Auch den Bumm-Bumm-Baller-Abend verbrachte sie auf der Pirsch. Bevor sie ging, drückte sie mich besonders fest an sich und sagte: „Ich schwöre dir, ab morgen wird alles anders. Nächstes Jahr sind wir nicht mehr allein. Den nächsten behalte ich. Komme, was wolle."

Ich hielt das damals schon für eine ihrer dümmsten

Ideen – und sie hatte eine Menge! Statt das Fenster aufzumachen, drückte sie am Bimmelding herum und fragte eine Wetteräp, ob sie einen Pulli brauchte. Rechtsdre-
hender Jogurt wurde auch wirklich nur rechts herum
umgerührt und auf links gedrehte Hosen hingen immer
auch ganz links auf der Wäscheleine. Das heißt, falls sie
nicht gerade links und rechts verwechselte. Wenn im
Laden gegenüber der Tschickenkebab aus war und es
nur noch Kinderkebab gab, kaufte sie sicherheitshalber
gar keinen.

Als es wärmer wurde, verbrachte ich viel Zeit auf unserem winzigen Balkon und wurde so Zeuge, wie Chantale
ihre Beute schlug. Im wahrsten Sinne des Wortes.

Sie kam gerade aus dem Kebabladen und ich reckte erwartungsvoll den Kopf, glaubte schon das zarte Fleisch
auf der Zunge zu schmecken, da geschah es.

Sie stolperte und fiel aus der Tür heraus, über die vier
Stufen nach unten und prallte gegen einen Mann. Der
fiel der Länge nach hin, Chantale samt Kebab hinterher
und mit einem hörbaren Flatsch landete mein Essen auf
der Straße. Statt auf dem Absatz kehrt zu machen und
neues zu besorgen, schleppte sie den schimpfenden
Mann zu uns in die Wohnung.

Enttäuscht verzog ich mich auf den Kleiderkasten. Ihr
übliches Balzritual kannte ich bereits zur Genüge und es
war nichts, was ich auf leerem Magen aushalten konnte.

Daher weiß ich nicht, wie sie es schaffte, aber von
diesem Tag aus kam der Mann regelmäßig vorbei, er-
zählte seine unlustigen Witze, über die er selbst am lau-
testen lachte. Noch lieber hielt er Monologe, in denen es
nur darum ging, wie klug und gewitzt er war. Chantale

hing an seinen Lippen, als würde er aus der Vogeljagdfibel vorlesen. Dabei erwies sie sich als unerwartet lernfähig. Schon bald lachte sie an den richtigen Stellen, was ihr ein Po-Tätscheln eintrug. Ich kenne mich damit nicht gut aus, aber ich dachte, nur Pferden wird zur Belohnung auf den Hintern geklopft. Chantale jedoch schien es auch zu gefallen. Zumindest kicherte sie einfältig und hing strahlend an seinem Arm.

Überhaupt genügte ein Satz von ihm und sie sprang. Ehrlich, sie gehorchte besser als jede Töle. Er fand Hosen unweiblich – sie kaufte zwei Rascheltüten voller Röcke. Ihn störte das Nasenpiercing – sie nahm es raus. Er wollte nicht, dass sie in Kneipen unterwegs war – sie blieb daheim. Er schwärmte für Fußball und Boxen – sie lernte jeden Sportbericht auswendig. Er sagte, er fände blonde Haare geil – prompt sah sie aus, als hätte sie das Stroh nicht nur im Kopf, sondern auch oben drauf.

So ging es immer weiter, bis Chantale nicht mehr wie Chantale aussah, roch oder lebte, sondern ein Produkt seiner Wünsche war. Nur meine Existenz blieb erstaunlicherweise unangetastet. Er ignorierte mich und alles, was zu mir gehörte. Wenn wir uns doch einmal begegneten, stieg er einfach über mich hinweg. Ich gebe zu, gelegentlich spielte ich mit dem Gedanken, ihn ein wenig zu ärgern, um herauszufinden, ob er mich auch noch auf seinem Kopfkissen übersehen würde. Oder wenn ich auf den Tisch springen und die Wurst von seinem Brot klauen würde. Aber da ich auf seine Gesellschaft ohnehin keinen Wert legte, verschwand ich normalerweise, sobald er die Tür aufschloss.

Kurz vor dem nächsten „Lass-uns-mal-die-Katze-quälen"-Fest bekam ich mit, wie sich Chantale mit einer Freundin stritt, weil sie sich angeblich selbst aufgegeben hätte. Daraufhin warf ihr Chantale vor, eifersüchtig zu sein – und schon flogen die Fetzen. Am Ende heulten beide und lagen sich in den Armen. Soweit ich es verstand, hatte sie wohl Angst, allein alt zu werden und von einem Schäferhund – welchem Schäferhund??? – aufgefressen zu werden. Lieber würde sie sich ein kleines Bisschen anpassen.

Ein kleines Bisschen?

Ein kleines Bisschen wäre es, wenn mein Trockenfutter in einer blauen Schüssel liegen würde statt in einer grünen. Und nicht wenn ich Schnecken aus dem Badewasser fischen müsste, um sie anschließend zu flambieren.

Aber wie auch immer, es war ihre Sache.

Bis sie es zu meiner machten.

Eines Tages hieß es: „Baby, entweder der Kater oder ich."

Zu ihrer Ehrenrettung sei gesagt, dass sie sich dagegen länger wehrte als gegen seinen Männertrip nach Malle. Schlussendlich knickte sie aber auch hier ein. Noch am selben Abend saß ich in einem gut zugeklebten Karton vor dem Tierheim.

Nach der üblichen Einzelhaft wurde ich in einen geringfügig größeren Käfig gesteckt und im Regal verstaut. Da ich davon ausgehen konnte, dass mich Chantale so schnell nicht auslösen würde, musste ich über meinen Schatten springen.

‚Hallo zusammen.'

Stille.

Und ein gutes Dutzend Augenpaare, die mich, den Neuling, mit unverhohlener Verachtung anstarrten. Oh, wie gut kannte ich dieses Verhalten! Jetzt nur keine Unsicherheit zeigen! Betont gleichmütig säuberte ich meine Pfote, präsentierte gekonnt mein Mordwerkzeug.

Zwischen zwei Schleckern schob ich nach: ‚Ich bin Linus.'

Nichts.

Na gut, meine Lieben, ihr habt es so gewollt. Dieses Spiel können wir auch gemeinsam spielen.

Geschickt bürstete ich beim Ohrputzen das Fell nach vorn. Selbst eine harmlose Kachelofenpussy schaut dadurch verwegen aus.

‚Und wer seid ihr?'

Immerhin hatte ich jetzt die Aufmerksamkeit von allen. Wunderbar. Dann auf zum finalen Schlag:

Den Hintern lecken.

Als ich das nächste Mal hochsah, hatte sich die einäugige Katze von gegenüber an die Gitterstäbe gesetzt. Der Schwanz zuckte zwar, aber zumindest klang kein Fauchen mit.

‚Shiva. Neben mir sind Luchs und Sirtaki.'

Sie nickte mit dem Kopf erst nach links, dann nach rechts.

‚Wir drei sind am längsten hier.'

‚Am längsten! Am längsten!'

Ich zuckte überrascht zurück. Wieso schrie mich Shiva plötzlich so an? Mutig fragte ich weiter.

‚Warum wurdet ihr nicht abgeholt?'

‚Zu alt, zu hässlich, zu krank.'

‚Aber die anderen werden schon ausgelöst, oder?'

‚Manchmal.'

‚Ich werde bestimmt geholt.'

‚Meinst du? Von wem denn?'

Belustigung, aber auch eine gewisse Schärfe lagen in Shivas Stimme.

‚Niemand holt dich!'

Empört fauchte ich. Was bildete sich diese Mieze überhaupt ein? Doch bevor ich zu einer gesalzenen Erwiderung ansetzen konnte, mischte sich eine tiefe Stimme ein.

‚Reg dich nicht auf. Das ist nur Molly. Ein Papagei.'

Ich presste die Nase so fest ich konnte gegen das Gitter und erspähte einen Hundeschwanz, der an eine alte Flaschenbürste erinnerte. Dann tauchte direkt eine schwarze, wie immer furchtbar nasse Hundenase auf und schnupperte.

‚Du riechst aber lecker. Zum Abschlecken!'

Brrr!

Wahrscheinlich muss er meinen Ekel irgendwie bemerkt haben, jedenfalls grollte ein erstaunlich sympathisches Hundelachen aus seiner Kehle.

‚Keine Sorge. Hunde und Katzen kommen getrennt in den Freilauf. Ich bin übrigens Blacky. Eine reinrassige Promenadenmischung.'

‚Reinrassig! Reinrassig! Juden raus!'

‚Halt den Schnabel, Molly!', tönte es von allen Seiten.

Überrascht sah ich mich um. Anscheinend ging der Schreihals nicht nur mir auf die Nerven. Aber wo war er bloß? Während ich noch nach einem bunten Vogel Ausschau hielt, sprach Blacky weiter:

‚Hier kommt kaum jemand dauerhaft raus. Ich wurde schon dreimal mitgenommen. Und jetzt bin ich wieder da. Am ehesten nimmt jemand die Jungtiere mit. Ausgewachsen haben nicht einmal wir Hunde eine Chance. Bei Katzen ist es noch unwahrscheinlicher. Nimms mir nicht übel, aber von euch gibt es einfach zu viele. Bist du eigentlich kastriert?'

‚Kastriert das Negerpack!'

Dieses Mal brüllte ich auch mit – und war erstaunt, wie gut es sich anfühlte. Nicht nur, dass ich den aufgestauten Ärger rauslassen konnte, sondern auch das kleine Gemeinschaftsgefühl, das dabei entstand.

Kaum war es ruhig, plauderte Blacky weiter. Er war, wie mir bald klar wurde, die Quasselstrippe nicht nur unseres Raumes, sondern des ganzen Hauses. Trotzdem war es ein Segen, dass ich für seine Nase gut roch. Wen Blacky nicht mochte, der hatte hier ein noch schwereres Leben, als es ohnehin schon war.

Mit beiden Ohren und dem halben Kopf hörte ich ihm zu – der Rest suchte den Papagei. Dass ich ihn tatsächlich entdeckte, war allerdings ein Zufall. Ein hässliches Etwas kletterte an einem abgewetzten Baumstamm hoch und fluchte halblaut ‚Scheiß Asylanten' vor sich hin.

Ich schwankte zwischen Entsetzen und dem instinktiven Wunsch, zu töten. Ihr wisst schon – das schwächste und kränkste Tier der Herde muss aussortiert werden. Das Einfangen wäre auch keine große Kunst, denn fliegen konnte das Vieh bestimmt nicht mehr. Dafür war es quasi schon fertig fürs Backrohr. Es fehlten nur noch die Gewürze.

‚Lass es', mischte sich Shiva ein. ‚Diese Idee hatten wir alle schon mal. Vor allem bei Vollmond. Einer hat es mal versucht. Antonio. Bastet hab ihn selig.'

29

‚Was ist passiert?'

‚Erzähl die Geschichte, Shiva', riefen mehrere Tiere durcheinander. ‚Ja, erzähl sie.'

‚Wegen mir musst du nicht unbedingt –'

‚Halts Maul, Neuer', kam es nicht wirklich unfreundlich von rechts. Aus einer Höhle schaute ein leibhaftiger Wolperdinger heraus. Mausohren, Katzenschnurrhaare, Hasennase, Hamsterbacken – und das in XXL.

Ich setzte mich vor Schreck erst mal auf das Hinterteil. Zum Glück so, dass sich gleichzeitig den Abstand zwischen uns vergrößerte.

‚Was bist denn du?'

Ja, ich weiß, das war nicht besonders höflich. Aber bei diesem Anblick wäre euch auch nichts Besseres eingefallen.

Der Wolperdinger würdigte mich keiner Antwort. Aber dafür gab es ja Blacky:

‚Neuer, das ist die Graue Eminenz dieses Refugio, Don Emanuel Alvaraz.'

So würdevoll er sich auch gegeben hatte, so brach doch gleich darauf wieder das typisch Hündische durch. Ich sah regelrecht vor mir, wie er Männchen machte, mit dem Schwanz wedelte und diesen ganz speziellen Hund-Treu-Doof-Blick aufsetzte.

‚Hab ich es richtig ausgesprochen, Don? Hab ich, sag, hab ich?'

‚Si, du hast. Du bist buen amigo, mein Guter. Und nun, Shiva, gatta cara, erweise uns die Ehre einer cuento, vertreibe uns aburrimiento.'

Ich sah, wie sich alle Tiere gemütlich einrichteten und dann den Kopf zu Shiva drehten. Entweder war sie eine begnadete Erzählerin oder es wurde hier alles dankbar angenommen, was ein wenig Ablenkung versprach.

Nach wenigen Sätzen war mir klar, es war Letzteres. Ganz eindeutig Letzteres.

Um es kurz zu machen – ihr wollt sicher auch wissen, was es mit dem Vollmond auf sich hatte und ob Molly da zu einer Art Werwolfpapagei mutierte.

Nein, tat sie nicht. Sie blieb nackt. Die Schreierei muss allerdings beeindruckend im negativen Sinne gewesen sein.

Besagter Antonio war ein übermotivierter Perser, der allen beweisen wollte, dass er mehr als ein asthmatisches Plüschkissen war. Laut Shiva starb er im heldenhaften Kampf mit einem tobsüchtigen Raubvogel, der ihm faktisch das Fleisch von den Knochen gerissen hatte, um es anschließend zu verspeisen.

Ich vermute, ihm ist beim ersten Biss eine Feder in den Hals geraten und er hat sich die Lunge rausgehustet. Sicher auch ein spektakulärer Anblick, aber als Geschichte relativ ungeeignet. Vor allem, weil Shiva ihn als tragischen Helden darzustellen versuchte, der sein Leben für das Wohl aller geopfert hatte. Worin diese Verbesserung bestand, fragte ich lieber nicht. Vielleicht hatte Molly so lange gelacht, bis sie keinen Ton mehr rausbrachte?

Die Tage im Tierheim verliefen alle nach demselben anödenden Muster. Und nein, ich weigere mich, diese Zeit noch einmal zu erleben, indem ich euch davon erzähle.

Stellt euch einfach vor, ihr seid in ein fensterloses Zimmer von der Größe einer Badewanne gesperrt. Wenn ihr euch auf den Boden legt und streckt, stoßt ihr an den Wänden an. Rund um euch herum sind lauter andere Menschen, die ihr euch nicht ausgesucht habt und die direkt neben eurer Nase pupsen, pinkeln, kacken. Das Essen könnt ihr euch auch nicht aussuchen und wenn ihr euch zweimal hintereinander weigert, den Fraß hinunterzuwürgen, werdet ihr zum Arzt geschliffen, der allerlei unschöne Dinge mit euch anstellt. Wenn ihr Glück habt, bekommt ihr einmal am Tag Auslauf. Der Raum ist etwa so groß wie eure Küche, hat ein Fenster – und ihr müsst ihn euch mit einem halben Dutzend anderer teilen. Keine Manieren, dafür jede Menge Ticks.

Unter den genannten Umständen kann es mir wohl niemand verdenken, dass ich Chantale praktisch in die Arme sprang, als sie die Tür zu meinem Gefängnis öffnete. Ich schleckte sogar ihr Gesicht ab, vergrub meinen Kopf in ihre Halsbeuge und brummte wie eine Hummel.

Die folgenden Wochen waren wieder so, wie ich Chantale kannte.

Sie saß heulend auf dem Sofa, verwechselte mich mit einem Taschentuch und futterte Eiscreme, während die Flimmerkiste lief.

Ich war selig, nass und voll Rotz, aber selig.

Nie wieder Shivas Geschichten zuhören oder Blackys Dauergeplapper oder Mollys unerschöpfliches Schimpfwortvokabular. Nur noch meine Pupse riechen. Und Futter, das nicht nach eingeschlafenen Füßen schmeckte.

Mein Glück währte jedoch nicht besonders lang.

Als die schlimmste Sommerhitze vorbei war, stand er wieder vor der Tür. Einen mickrigen Blumenstrauß in der Hand, ein schmieriges Lächeln im Gesicht und das Zauberwort auf den Lippen:

Liebe.

Natürlich ließ sie ihn herein.

Kurzzeitig erwog ich, mit dem Kopf gegen die Wand zu schlagen, aber dann sagte sie das einzige, was für mich wirklich zählte: „Der Kater bleibt. Du musst dich mit ihm arrangieren."

Ich warf ihr einen skeptischen Blick zu. Ob der Trottel wusste, was das hieß? Unwahrscheinlich.

Anfangs lief es auch ziemlich gut. Will heißen, wir gingen uns aus dem Weg und übersahen einander demonstrativ, wenn wir uns doch mal begegneten.

Als die Blätter fielen, fing es an.

Zuerst waren es nur Kleinigkeiten.

Ein Kratzer am Sofa, eine verschwundene Wurst, eine ausgegrabene Pflanze.

Er machte nie den Fehler, mir die Schuld in die Pfoten zu schieben, eine Bestrafung oder gar meinen Rauswurf vorzuschlagen, sondern wartete darauf, dass Chantale von „meinen" Schandtaten genug haben würde.

Wahrscheinlich dauerte es zu lange, denn an Weihnachten fuhr er härtere Geschütze auf und zerbrach heimlich jene Glitzerkugeln, die ich niemals angerührt hätte. Ich wusste nämlich, dass mich Chantale klatschnass heulen würde. Diese quietschbunten Dinger hatte ihre Oma selbst bemalt. Wie oft ich diese Geschichte schon gehört habe, lässt sich nicht einmal mehr an meinen Schnurrhaaren abzählen!

Das gab ein großes Hallo im Tierheim.

Natürlich bekam ich auch das übliche ‚Wir haben es dir doch gleich gesagt' zu hören, aber die meisten hielten sich zurück. Blacky versuchte sogar mich zu trösten: ‚Das erste Mal ist richtig schlimm. Aber beim nächsten

Mal ist es schon leichter. Und ab dem dritten Mal siehst du es irgendwie sportlich.'

Am Abend wurde es früher als sonst still im Haus. Alle Menschen gingen heim zu ihren Familien und wir blieben zurück. Partystimmung ist was anderes, das könnt ihr mir glauben. Jeder saß in seinem Käfig und hing trübsinnigen Gedanken nach. Sogar Shiva, die sich sonst so abgehärtet gab, wirkte niedergeschlagen.

Einzig Molly krakelte wie üblich, trällerte Lieder, ahmte eine Polizeisirene nach und schlug abwechselnd vor, die Fahnen zu hissen oder den Schwarzen am Fahnenmast aufzuhängen.

Keine Ahnung wieso, aber der Satz rutschte über meine Lippen, bevor ich überhaupt wusste, dass ich daran gedacht hatte:

,Warum sollte man einen Schwarzen aufhängen?'

Das brachte Molly aus dem Konzept. Sie war es gewohnt, angeschrien zu werden, aber eine Frage hatte ihr wohl noch keiner gestellt.

Argwöhnisch beäugte sie mich von der Seite.

,Ich meine es ernst, Molly. Oder weißt du es nicht?'

Sie trippelte näher.

,Molly weiß.'

,Na dann. Erklär es mir.'

Ich machte es mir gemütlich, so als würde Shiva eine Geschichte erzählen.

,Schwarze stinken.'

,Tu ich auch. Vor allem bei dem Fraß hier. Das reicht nicht als Grund. Sonst müsstest du ja uns alle hängen sehen wollen. Willst du das?'

Sie schien ernsthaft darüber nachzudenken und ich begann zu hoffen, dass die angebliche Klugheit der Papageien zumindest bei ihr nicht weit genug reichte, um Knoten zu knüpfen. Seile hingen nämlich genug am Baum.

‚Nicht alle.'

‚Wen nicht?'

Langsam wurde es interessant. Auch für die anderen. Die ersten Zuhörer rückten näher an die Gitterstäbe.

‚Hasso guter Hund. Deutscher Hund.'

Ich warf einen skeptischen Blick in Richtung der armen Töle, die sich immer schlotternd in eine Ecke drückte, sobald sie etwas Flüssiges plätschern hörte. Daher die Sägespäne im Käfig.

‚Was ist mit Belle?'

‚Ausländisches Gfraster. Erschießen! Sofort erschießen!'

Belle, eine wunderschöne Pudeldame, zog verächtlich die Lefzen hoch.

‚Und Blacky?'

‚Unreines Blut. Schlechter Charakter.'

Blacky winselte und sofort hakte Molly nach:

‚Abschaum. Erschlagt den Abschaum.'

‚Ok, Molly, das reicht. Warum gehst du nicht und reißt dir noch die letzten Federn vom Leib? Das ist sinnvoller als dein Geschwätz.'

Beleidigt verschwand sie in der Baumhöhle.

‚Blacky?'

Nichts.

‚Blacky? Du weißt, dass das Blödsinn ist.'

Stille.

‚Niemand denkt das. Stimmt doch, oder?'

Vereinzeltes Miauen und Bellen antwortete.

Interessanterweise wandten einige den Kopf ab. Sieh an, sieh an. Anscheinend war Molly doch nicht die einzige, die so dachte. Selbst die vorher diskriminierte Belle wirkte ablehnend. Herausfordernd mauzte ich sie an – und sie ließ sich tatsächlich zu einer Antwort herab.

‚Weißt du Linus, es ist schon so, dass es, nun ja, wichtig ist, woher man kommt. Abstammung und so. Ich kann dir meinen Ahnen bis in die siebte Generation aufzählen. Wir haben keine dunklen Geheimnisse oder schlechte Gene. Sieh mich an: Ich bin perfekt. Kluger Kopf, starker Körper, geschmeidige Bewegungen.‘

‚Und trotzdem sitzt du hier. Wie erklärst du dir das?‘

‚Bah. Die Menschen haben eben keine Ahnung. Sie würden wahre Schönheit noch nicht einmal erkennen, wenn sie ihnen auf den Schuh pisst.‘

‚Dann bin ich lieber hässlich und darf gegen einen Baum pinkeln.‘

‚Blacky! Endlich. Du redest wieder. Ich hab mir schon Sorgen gemacht, du hättest es verlernt.‘

Er lachte. Nur kurz und leise, aber er lachte.

‚Niemals.‘

In den folgenden Wochen verlegte ich mich aufs Beobachten. Zuerst nur die anderen Tiere. Ich studierte meine Mithäftlinge wie ein Kätzchen die Mutter beim Jagen. Dann dachte ich tagelang darüber nach, um herauszufinden, warum sie sich so verhielten. Mit der Zeit fielen mir immer mehr Details auf und irgendwann konnte ich weiter denken, als von der Wasserschüssel zum Katzenklo. Mir fehlte nur jemand, mit dem ich mich darüber hätte austauschen können.

Aber auch das sollte sich ändern.

Während eines Auslaufs nahm mich Luchs zur Seite und dirigierte mich in eine ruhige Ecke. Mit ihrem ausgeblichenen, dünn gewordenen Fell und den milchigen

Augen erinnerte sie mich immer an ein Stofftier, das zu viel lieb gehabt worden war. Ihre Geschichte interessierte mich schon lange, doch da ich angenommen hatte, ohne Zähne könne sie gar nicht mehr verständlich sprechen, hatte ich sie nie gefragt.

Doch, sie konnte. Gut, es war etwas feucht und ich musste mich erst an die Aussprache gewöhnen, aber dann wurde mir klar, dass diese uralte Katze klüger war als wir alle zusammen. Ich schwor mir, nie wieder jemanden nach seinem Aussehen zu beurteilen. Oder ihm aufgrund seines Alters Fähigkeiten abzusprechen.

Luchs war brillant! Sie verstand es sogar, mir Belles und Mollys Verhalten – und das der anderen – so zu erklären, dass meine Wut auf alles und jeden verrauchte.

‚Angst ist die treibende Kraft hinter den meisten falschen Dingen. Hasso versucht mit seinem aggressiven Verhalten jeden zu verjagen, bevor der in Schlagweite kommt. Er hat Angst, gequält zu werden. Belle hat insgeheim Angst davor, nicht gut genug zu sein, nicht gewürdigt zu werden. Darum betont sie ihre angeblichen Vorzüge. Sie will sich von den anderen absetzen, um gesehen zu werden. Selbst hinter Shivas Arroganz steckt nur Angst. Angst davor, dass sie jemand gern hat und sie dann aus Liebe leidet, wenn er geht.‘

‚Und Molly? Wovor hat Molly Angst?‘

‚Nicht mehr dazuzugehören. Sie wurde so erzogen. Ihr ganzes Umfeld war so. Wenn sie sich ändert, gehört sie nicht mehr zu ihrer Familie.‘

‚Aber die haben sie doch hier abgegeben. Warum hält sie trotzdem daran fest?‘

‚Warum hoffst du noch immer darauf, dass diese Menschenfrau dich holen kommt?‘

Mist. Durchschaut. Und das von einer fast blinden Katze.

‚Linus, im Grunde sind wir alle gleich. Egal ob versnobter Pudel, nackter Papagei, Mischling oder Rassetier – wir sehnen uns nach einem Zuhause. Nach einer menschlichen Hand, die sich liebevoll um uns kümmert. Nach einem Platz, an dem wir in Frieden und Würde alt werden können. Und nach jemandem, der uns in der letzten Stunde zur Seite steht, uns festhält und im richtigen Moment gehen lässt. Dafür sind wir bereit, alles zu tun. Wir verleugnen uns selbst, verbiegen uns und schlucken jede Gemeinheit – in der Hoffnung darauf, dass sich alles zum Guten wendet.'

Wahrscheinlich hätten mich ihre Worte friedlich und nachsichtig stimmen sollen.

Taten sie aber nicht.

Im Gegenteil. Ich fühlte, wie die Wut zurückkehrte. Auf mich selbst, die anderen und ganz besonders auf die Menschen. Niemand sollte sein Wesen verändern müssen, um geliebt zu werden. Gut, ein bisschen Rücksichtnahme gehörte schon dazu. Aber wer mit einer Katze zusammenleben wollte, musste sich eben vorher schon darüber im Klaren sein, dass sie Krallen hatte. Ihr diese zu ziehen war der falsche Lösungsansatz! Überhaupt – wie kamen die Menschen eigentlich dazu, zu erwarten, dass wir uns so verhielten, wie sie das wollten? Der Hund hatte treu und ein bisschen doof zu sein. Die Mieze verschmust und leise.

Aber was hatten wir von der ganzen Anpasserei?

Nichts.

Wenn wir nicht mehr gut genug oder einfach nur im Weg waren, setzten sie uns vor die Tür. Oder gaben uns im Tierheim ab. Falls sie die Güte hatten, uns irgendwann wieder auszulösen, sollten wir ihnen in ewiger Dankbarkeit um die Beine streichen.

Aber nicht mit mir! Es hat sich ausgeschnurrt!

Ich würde mich nie wieder so verhalten, wie es von einem Kater erwartet wurde. Stattdessen würde ich mich von allen Zweibeinern fernhalten, sie aus der Ferne beobachten. So, wie ich jetzt die anderen Tiere studiert hatte, würde ich bei jeder Gelegenheit die Menschen beobachten. Ihre Gesichter, was sie taten und wie sie etwas sagten. Sie würden mich mit nichts mehr überraschen können. Insbesondere sollte mich niemand mehr überrumpeln, mit oberflächlicher, kurzlebiger Freundlichkeit einlullen – um mich dann mir nichts dir nichts rauszuwerfen.

Und das Wichtigste: Wenn ich niemanden ins Herz schloss, würde es auch nicht wehtun.

Von jetzt an durfte die Suche nach dem Ticket für die Regenbogenbrücke ohne mich stattfinden, denn wenn ich so darüber nachdachte, verstand ich gar nicht mehr, warum ich die Ewigkeit hatte ausgerechnet an einen Menschen gekettet verbringen wollen. Total bescheuert!

Chantale kam mich noch zweimal holen.

Das erste Mal brachte mich der Mann heimlich ins Heim. Wahrscheinlich machte er ihr weiß, ich sei weggelaufen. Sie fand mich relativ schnell und schloss von da an alle Fenster.

Bei der nächsten Rückgabe fauchten wir beide vor Wut. Angeblich hatte ich das riesige weiße Kleid angepinkelt. Ein reiner Vorwand! Jeder konnte doch riechen, dass die gelben Flecken von dem Mann waren.

Tagelang kochte ich in meinem Käfig vor mich hin. Nicht einmal Blacky wagte es, mich anzusprechen. Sogar die Menschen merkten, dass mit mir nicht gut Leckerlis fressen war. Es dauerte eine ganze Weile, bevor ich wieder in den Auslauf durfte.

Und was erfuhr ich dort als erstes?

Luchs war gestorben.

Ein junges Mädchen hatte sie geholt, wollte ihr angeblich die letzten Tage verschönern. Wenig später brachte der Vater zusammen mit dem heulenden Kind eine völlig verstörte Katze zurück. Orientierungslos war Luchs in der fremden Wohnung herumgeirrt und schließlich eine Treppe hinabgefallen.

Statt sie zum Tierarzt zu bringen – der hätte ja was gekostet – brachten sie sie ins Tierheim zurück.

Luchs starb noch in derselben Nacht. Sie muss furchtbare Schmerzen gehabt haben. Niemand, nicht einmal Shiva schaffte es, mir davon zu erzählen. Aber allen stand noch das Grauen ins Gesicht geschrieben.

Das gab mir den Rest. Ich begann Menschen zu hassen.

Als Chantale vor mir stand, heulend natürlich, wusste ich: Dieses Mal würde sie bezahlen!

Es war eine Kleinigkeit, die Erdnüsse, die ich Molly geklaut hatte, in den Kuchenteig fallen zu lassen.

Zufrieden sah ich ihr beim Sterben zu.

Ich bin sicher, sie litt dabei genauso wie Luchs.

Nur eine Sache hatte ich nicht ausreichend bedacht:

Chantale holte mich nur dann aus dem Tierheim, wenn sie gerade niemand anderen hatte. Ich würde daher eine sehr lange Zeit mit einem verwesenden Kadaver in der Wohnung festsitzen. Falls kein Wunder passierte und sich jemand ernsthaft Sorgen um Chantale machte oder ich lernte, den Klodeckel zu öffnen, würde ich dieses Mal also verdursten.

Na bravo ...

An einem besonders heißen Sommertag, während die Sonne unbarmherzig durch die Glasfront brannte, schwor ich mir:

Nie wieder Menschen! Weder diesseits noch jenseits der Regenbogenbrücke. Lieber ein endgültiges Nichts.

Dann schloss ich die Augen.

Das fünfte Leben

Mein Wunsch: Keine Menschen in meiner
                 unmittelbaren Umgebung.
Das Ergebnis: Ein Zoo.
Erster Eindruck: Verdammter Mist.

Tag für Tag saß ich auf meinem Stamm, starrte an den Gitterstäben vorbei und ließ die Zeit weiterwandern.

Es spielte keine Rolle, ob es regnete oder die Sonne schien.

Ob es Tag war oder Nacht.

Nichts spielte eine Rolle.

Das ewig gleiche Futter an den ewig gleichen Plätzen. Anfangs hatten sich die Gefängniswärter noch Mühe gegeben. Ich sollte mein Futter jagen müssen. Suchen. Mich anstrengen. Kann sein, dass ich als junger Kater darauf hereingefallen war. Ich wusste es nicht mehr. Ich erinnerte mich an überhaupt nichts. Vergaß manchmal sogar, wer ich war.

Nichts spielte eine Rolle.

Die Nachbarn zur Linken machten ständig Radau. Ein Käfig voller Narren. Sie zwitscherten und trillerten, fiepten und krächzten. Alle Naselang krachte eines dieser dummen Tiere gegen die Scheiben. Vielleicht mit Absicht? Das wäre allerdings noch dümmer gewesen. Auf diese Weise war noch niemand entkommen.

Einer von ihnen, eine winzige gelbgraue Federkugel, schien das auch so zu sehen und versuchte stattdessen, uns alle umbringen. Zumindest vermutete ich, dass das der Grund ist, warum er an den Kabeln nagte. Der Geschmack von Gummi war es ja wohl kaum. Die Menschen wussten das natürlich und hatten schon viele verschiedene Sachen zum Schutz herum gewickelt. Aber wenn wir Zootiere eines hatten, dann war das Zeit.

Allerdings wussten das nicht alle. Meine Nachbarn zur Rechten, die Kosakenfüchse, gehörten zu dieser Gruppe. Sie rannten, rannten, rannten. Manchmal dachte ich, sie würden versuchen, vor ihrem eigenen Gestank wegzulaufen. Wie die in freier Natur Beute machen, war mir ein Rätsel. Ich roch sie sogar gegen den Wind und ihre Hektik widerte mich unsagbar an. Sie kapierten es einfach nicht. Obwohl sie schon mehrere Winter hier waren, liefen sie immer noch ihr Revier ab. Wetzten an den Gitterstäben entlang. Immer über dieselben Trampelpfade, wo längst nichts mehr wuchs. Zwischendurch blieben sie einen Moment stehen, witterten. Dann rannten sie weiter.

Und das Schlimmste: Sie schienen tatsächlich daran zu glauben, aus diesem Gefängnis weglaufen zu können.

Aber wir hatten lebenslänglich.

Bis dass der Tod uns scheidet.

Das Gehege mir gegenüber stand seit dem letzten Winter leer. Meister Petz war tot.

Sogar die Eulen blieben damals wach und die Erdmännchen standen Spalier, um dem Bären das letzte Geleit zu geben. Alle waren traurig. Alle außer mir. Ich beneidete ihn. Er hatte ausgelitten.

Eines Tages war es da.

Ein Mädchen.

Es musste mit den anderen, viel zu lauten Halbwüchsigen gekommen sein. Doch statt zu den spannenden Tieren zu gehen, stand es vor meinem scheinbar leeren Käfig.

Ich bewegte mich nie. So hoch oben, wie nur irgendwie möglich, perfekt getarnt durch mein waldfarbenes Fell, entdeckte mich für gewöhnlich niemand. Natürlich war das Absicht. Ich hatte genug von den Menschen. Von mich anstarrenden und mit närrischen Lauten lockenden schon zweimal.

Als ich das nächste Mal die Augen öffnete, stand sie noch immer dort – und sah mich direkt an. Obwohl sie mit keiner Geste, mit keinem Ton versuchte, mich zu erreichen, fühlte ich ihren Blick wie eine Berührung. Zorn überkam mich. Was bildet sich dieses Menschenmädchen ein? Sollte sie doch weitergehen zu den Elefanten oder die Löwen füttern. Meinetwegen auch mit sich selbst.

Leise knurrend wandte ich mich ab.

Doch wann immer ich einem Blick über die Schulter warf, stand sie da.

Erst als der Zoo schloss, war der Platz vor meinem Käfig wie gewohnt wieder leer.

Zu meiner Verwunderung spielte es eine Rolle und ich ertappte mich bei der Überlegung, ob ich sie wohl wiedersehen würde.

Und tatsächlich – sie kam wieder.

Regelmäßig trug der Wind den Geruch nach Käsebrötchen und Kakao zu mir und wenn ich mich dann umdrehte, stand sie am Gitter. Wortlos, ruhig, ohne Forderung.

Irgendwann erwiderte ich ihren Blick. Erst nur kurz, dann hielt ich ihn fest. In ihren Augen funkelten goldene Sprenkel.

Von Freundschaft zu sprechen, wäre zu viel gesagt. Aber es entstand ein feines Band zwischen uns, das selbst meinem Gefängniswärter auffiel. So kam es, dass sie an einem verschneiten Spätwintertag mein Gefängnis betrat. Bewaffnet mit Eimer und Besen.

Ich stellte das Fell auf und fauchte warnend.

Da setzte sie beides ab und setzte sich auf den Baumstumpf direkt neben dem Ausgang. Zum Schutz vor dem Wind zog sie die Beine hoch. Und wartete wieder.

Die Tage wurden länger. Ein junger Bär zog gegenüber ein und das Mädchen hatte alle Arbeiten in meinem Gefängnis übernommen. Sie schmuggelte sogar Futter herein, das ich hier noch nie bekommen hatte. Heimlich versteckte sie es hinter Steinen und unter Blättern.

Aufmerksam verfolgte ich jeden Schritt.

Ich glaube nicht, dass mir wirklich etwas an ihr lag. Sie war einfach nur eine Unterbrechung des ewigen Dämmerschlafes, der mich noch enger gefangen hielt, als es das Eisen tat. Durch sie fühlte ich manchmal meinen Herzschlag.

Das erste Mal, das ich ihre Stimme hörte, sollte gleichzeitig auch das letzte Mal sein:
„Ich möchte dir etwas vorlesen. Ich habe es heute im Unterricht bekommen. Es hat mich so an dich erinnert. Hör zu. Das ist von einem Dichter namens Rilke.

Sein Blick ist vom Vorübergehn der Stäbe
so müd geworden, daß er nichts mehr hält.
Ihm ist, als ob es tausend Stäbe gäbe
und hinter tausend Stäben keine Welt.

Der weiche Gang geschmeidig starker Schritte,
der sich im allerkleinsten Kreise dreht,
ist wie ein Tanz von Kraft um eine Mitte,
in der betäubt ein großer Wille steht.

Nur manchmal schiebt der Vorhang der Pupille
sich lautlos auf -. Dann geht ein Bild hinein,
geht durch der Glieder angespannte Stille -
und hört im Herzen auf zu sein."

Als sie wieder zu mir aufsah, war ihr Gesicht nass, obwohl es nicht regnete.
„Ich hol dich hier raus. Versprochen."
Bevor ich verstand, was sie damit hatte sagen wollen, stand sie auf und flüchtete regelrecht aus meinem Gefängnis.

Etwa einen Mondlauf später stand der Zoo in Flammen. Die kleine Federkugel hatte es tatsächlich geschafft, ein Kabel durchzunagen und fiel als hell leuchtender Feuerball auf die Einstreu.

Jetzt weiß ich, dass Verbrennen noch schlimmer ist als Ersticken.

Nie werde ich die Schreie der anderen Tiere vergessen. Nie die eigene Panik, die mich kopflos durch meine vergitterte Welt rennen ließ, in der irrigen Hoffnung, dass sich irgendwo ein Fluchtweg auftun müsse, bevor mich das Feuer erreichte.

Aber es gab kein Entkommen. Natürlich nicht.

In den letzten Winkel zusammengepresst schrie ich um Hilfe.

Ich schrie nach dem Mädchen, das mich hier hatte herausholen wollen.

Ich schrie nach meinem Gefängniswärter.

Und ganz zum Schluss, als mein dichter Pelz in Flammen aufging und das Blut zu kochen begann, rief ich sogar nach meiner Mama.

***

‚Wach auf. Wach auf, mein Kleiner.‘

Täusche ich mich?

Nein, es ist tatsächlich die Stimme meiner Mama, die mich auf der Reise zwischen den Welten empfängt.

Ich versuche mich aufzustemmen, doch meine Pfoten verstehen nicht.

Ich sehe an mir herab.

Was die Beinchen zu dünn sind, sind die Pfoten zu groß. Der Schwanz ist geradezu lächerlich kurz. Dafür bin ich flauschiger als ein Angorakaninchen nach einem Stromschlag. Ich sehe aus wie eine Plüschkugel.

Eine warme Zunge schleckt über meine Ohren, ruft Erinnerungen wach.

‚Mama?'

‚Linus, mein Lieber.'

‚Wie kann das sein? Du bist doch schon vor langer Zeit über die Regenbogenbrücke gegangen.'

‚Ich bin hier, weil du mich gerufen hast. Und eine Mama kommt immer, wenn sie wirklich gebraucht wird. Egal, wo wir sind. Mamas spüren das.'

Dankbar drücke ich meine Nase in ihr Fell.

Eine ganze Weile genieße ich einfach ihre Wärme, die Zuversicht, die sie ausströmt und ihre Liebe für mich.

Warum können die Menschen nicht ein bisschen mehr wie Katzen sein?

Obwohl ich es nur denke, antwortet Mama darauf.

‚Dann wären sie Hunde, mein Schatz.'

‚Warum können wir dann nicht mit Hunden zusammenleben?'

‚Weil nur Menschen Hände haben. Es gibt nichts, das einer streichelnden Hand gleichkommt.'

Ich ziehe eine Schnute. Kann das bisschen Kuscheln alles andere aufwiegen?

In meinen Augen nicht.

‚Erzähl, Linus. Erzähl mir, was dich bedrückt.'

Nach kurzem Zögern fange ich an. Wenn ich ehrlich bin, muss ich zugeben, eine gute Portion Trotz ist auch dabei. Ich will Mama beweisen, dass wir Katzen ohne Menschen besser dran wären.

Sie hört mir zu, leckt gelegentlich mit der Zunge über mein Plüschfell und schnurre leise.

Ohne dass ich es bemerke oder gar will, erzähle ich schließlich auch die schönen Episoden. Beichte sogar meine törichte Hoffnung, mit Poppy über die Regenbogenbrücke zu dürfen.

Als ich fertig bin, sind wir beide still. Seltsamerweise fühle ich mich leichter. Der Zorn ist verschwunden. Zurückgeblieben ist nur eine Müdigkeit, die bis tief in die Knochen reicht.

‚Weißt du, Mama, ich glaube, ich möchte nicht mehr zu den Menschen zurück. Kann ich nicht einfach hierbleiben? Zwischen den Welten. Ich könnte mich doch um die anderen kümmern, die hier einen Zwischenstopp einlegen.'

‚Und die Regenbogenbrücke aufgeben?'

‚Ja.'

Sie denkt nach. Ich kann es an der Art erkennen, wie sie die Nase kräuselt. Dann entspannen sich ihr Züge wieder.

‚Linus, mein Lieber, wenn ich dich um einen Gefallen bitte, erfüllst du ihn mir dann?'

Ich ahne, worauf es hinauslaufen wird. Aber wie könnte ich meiner Mutter, die aus Liebe zu mir sogar über die Regenbogenbrücke zurückgekommen ist, etwas abschlagen?

‚Versuch es noch einmal, Linus. Ein letztes Mal. Bitte.'

Natürlich sage ich ja.

Das letzte Leben

Mein Wunsch: Mir doch egal.
Das Ergebnis: Eine junge Familie in bescheidenen
                Verhältnissen.
Erster Eindruck: Mir doch egal.

In meinem neuen Zuhause war alles schräg und schief.
Ich glaube, es gab nicht eine gerade Wand. Dafür jede
Menge Nischen, dunkle Verstecke und überall kleines
Getier, das sich von mir jagen ließ. Sie schlüpften durch
den Spalt unter der Hintertür oder kletterten über den
wilden Wein, der das Häuschen auf drei Seiten zugewu-
chert hatte, bis zum Dachbodenfenster hinauf. Sogar
durch den Kaminschacht kam Abwechslung herein. An-
dernfalls wäre es wohl zum Verrücktwerden gewesen.

Den Großteil der Zeit verbrachte ich allein in diesem
Hexenhäuschen, das sogar einem Siebenschläfer zu wenig Platz bieten würde. In den großen, wilden Garten
durfte ich nämlich nicht. Es wäre zu gefährlich. Ob für

mich oder die Vögel blieb allerdings offen. Ich vermutete letzteres. Obwohl, Mütter mischen sich doch überall
ein, oder? Am Ende hatte sie einen Weg gefunden, den
Menschen zu stecken, dass ich schon mal in einem gekippten Fenster erstickt und von einem Auto überfahren worden war.

Natürlich hätte ich ausbrechen können.

Wenn ich es wirklich gewollt hätte.

Bestimmt.

Aber mal ganz ehrlich. Was sollte ich da draußen? Im
Sommer war es heiß, im Winter kalt. Im Herbst wurde
man mit Nüssen oder ganzen Ästen beworfen und im
Frühling waren alle so schrecklich glücklich.

Nein danke.

So schlecht war mein Platz auf dem Schrank unter
der Treppe auch wieder nicht, als dass ich mir das antun
musste. Von hier oben hatte ich alles im Ohr, was im
Haus geschah, aber niemand hatte mich im Blick. Mein
Fell verschmolz mit dem Halbdunkel und machte mich
praktisch unsichtbar.

Zum Glück.

Der neue Mensch war nämlich furchtbar darauf er-
picht, mich in sein Leben einzubeziehen.

Am Anfang, als ich sie notgedrungen noch in meiner
Nähe dulden musste, bekam vor allem der Mann nicht
genug davon, allen, die es hören wollten oder auch nicht
(ich wollte nicht!), vorzuschwärmen, welch wunderbare
Beziehung er zu einer Katze namens Minka gehabt hatte.
Damals, als er noch ein kleiner Junge gewesen war, hatte
sie immer in seinem Bett geschlafen, mit ihm zusammen
Eis gegessen, war in der Kapuze seines Pullis mit ihm Rad
gefahren und und und ... Das Leuchten in seinen Augen

verriet mir, dass diese Minka an der Regenbogenbrücke bereitstand, um ihn abzuholen. Daher verstand ich zunächst nicht, was er denn von mir wollte. Sollte ich eine Art Lückenbüßer-Zeitvertreib oder die Zweitbesetzung werden?! Das konnte er sich abschminken.

Entsprechend mürrisch, denn so hatte ich mir den von meiner Mama erbetenen letzten Versuch nicht vorgestellt, ließ ich seine zugegeben geschickten Streicheleinheiten über mich ergehen. Aber wenn ich schon gegen meinen Willen schnurren musste, dann tat ich das wenigstens so leise, dass es allerhöchstens fühlbar war. Die Leckerlis verschmähte ich allesamt. Das verlangte mein Stolz.

Die Frau war mir lieber.

Sie war nämlich nie da.

Aber wenn doch, dann war es mit der Ruhe vorbei. Die wenigen Türen, die es gab, knallte sie so fest gegen die Wände, dass der Putz von der Decke rieselte und die Lampenschirme wackelten. Ihre Stöckelschuhe meißelten ein Muster in die Dielen, das mich an den Pfotenballen kitzelte.

Wenigstens sie konnte mich nicht leiden. Ich glaube, sie fasste mich kein einziges Mal an. Nur meine Haare, die zugegebenermaßen überall im Häuschen schwebten oder lagen, wurden von ihr mit spitzen Fingern abgezupft. Fand sie eines an ihrer Kleidung, stopfte sie alles in diese Waschmaschine. Bei der Vorstellung, dass sie mich füttern oder mein Klo sauber machen müsste, bekam ich den ersten und lange Zeit auch einzigen Lachanfall dieses Lebens.

Doch dann verschwand der Mann und kam mehrere Nächte nicht zurück. Eigentlich rechnete ich mit einem

Babysitter, aber anscheinend hatte sie versprochen, es selbst zu tun. Zumindest behauptete sie das ständig. Dass sie mich lieber ins Tierheim gebracht hätte oder in eine Katzenpension hielt sie mir ebenfalls vor. Dafür hatte ich nicht einmal ein Zucken meiner Schwanzspitze übrig. Wenn die Gute gewusst hätte, was ich schon erlebt hatte – da musste sie härte Geschütze auffahren, wenn sie mich noch erschüttern wollte.

Und das tat sie.

Aber davon später mehr.

Zuerst musste sie das aktuelle Problem mit meinem Klo lösen. Dafür verließ ich sogar mein Versteck. Das Schauspiel wollte ich um nichts in der Welt verpassen.

Mit angewidertem Gesichtsausdruck versuchte sie, mit der Schaufel im Streu herumzustochern, ohne mit irgendetwas in Berührung zu kommen, und sich gleichzeitig die Nase zu sowie den Rock unten zu halten. Es wäre amüsant gewesen, ihr bei diesem Balanceakt zuzusehen – natürlich trug sie auch im Bad ihre furchtbaren Schuhe – hätte sie dabei nicht so angewidert geseufzt, geschnaubt und gestöhnt.

Was bildete sich diese verwöhnte Pute ein? Aus ihrem Arsch kam auch kein Brathähnchengeruch. Allenfalls rochen ihre Hosen manchmal nach Fisch, ohne dass es welchen zu essen gegeben hätte, aber das, was sie da auf dem Menschklo produzierte, war viel ekliger als alles, was man in einem durchschnittlichen Katzenklo finden konnte.

Also beschloss ich, die Sache interessanter zu machen. Für mich natürlich.

Auf Samtpfoten schlich ich mich an sie heran, um ihr dann unvermittelt eine Kopfnuss gegen den Oberschenkel zu verpassen.

Prompt verlor sie das Gleichgewicht und stürzte vornüber ins Streu. Ehrlich, bei diesem Anblick lachte ich mir Kringel in die Schnurrhaare!

Am nächsten Tag zeigte sich: Die Frau war lernfähig.

Sie trug Gummihandschuhe anstelle der Schuhe. Jetzt schaut nicht so. An den Händen, nicht an den Füßen.

Ich hatte allerdings ebenfalls vorgesorgt und die Milch aus der Kaffeemaschine getrunken. Die darauf folgenden Bauchkrämpfe ertrug ich in der seligen Gewissheit, derjenige mit dem geringeren Leid zu sein.

Zugegeben, es war ein wenig knifflig, und hätte auch fast nicht geklappt, aber die Erfahrung aus sechs Leben machte es schließlich möglich.

Exakt in dem Augenblick, als sie sich über das Katzenklo beugte, pfitschte ich zwischen ihr und der Wand hindurch, platzierte meinen pelzigen Po direkt vor ihrer Nase und ließ laufen. Eine Wohltat! Zumindest für mich.

Die Frau dagegen, nun ja.

Jetzt war sie es, die mir das Hinterteil entgegenreckte. Sie hing nämlich über der Kloschüssel und gab ganz ähnliche Geräusche von sich, wie ich, wenn ich an einem wirklich widerspenstigen Haarballen arbeite.

An diesem Abend wurde kein Streu mehr gewechselt und auch am nächsten Morgen nicht. Als sich der Tag dem Ende zuneigte, war mein Klo in einem grauenvollen Zustand.

Ich konnte es kaum erwarten, ihre Reaktion zu sehen. Aufgeregt stand ich am Fenster, das zur Auffahrt ging. Wäre ich ein Hund gewesen, ich wäre schwanzwedelnd vor der Tür hin- und hergelaufen.

Was würde sie tun?

Langsam wurde es dunkel – und mir ein wenig bange. Mein Bauch grummelte noch immer, ob vor Hunger oder wegen der Milcheskapade konnte ich nicht unterscheiden. Tatsache war allerdings, ich brauchte einen Menschen. Und zwar recht bald.

Aber sie kam nicht.

Hatte ich es mir mit ihr verscherzt?

Gerade als mir ein wenig reumütig zumute wurde, bog ihr riesiges schwarzes Auto in die Einfahrt. Begeistert sprang ich von der Fensterbank.

Zum Teufel mit der Reue. Lasset die Spiele beginnen!

Mit dem üblichen Krach flog die Haustür gegen die Wand – und jede Menge Kartons hinterher. Der erste verfehlte mich nur knapp und der zweite erwischte meinen Schwanz. Jaulend ging ich hinter dem Schirmständer in Deckung. Wollte sie mich K.O. schlagen und dann draußen verscharren?

Als der Kartonhagel aufhörte und ich mich wieder aus meinem Versteck traute, staunte ich nicht schlecht.

Das Biest war gerissen!

Sie hatte einfach mehr Klos gekauft, als ich Krallen an den Vorderpfoten habe. Dazu Bretter auf Rollen und jede Menge riesiger schwarzer Müllsäcke. Von da an stellte sie einfach jeden Abend ein nigelnagelneues Klo auf ein Rollbrett, füllte Streu hinein und schob das benutzte mit einem Besen in einen aufgespannten Müllsack.

Nicht dumm, nicht dumm.

So viel Mühe hätte ich eigentlich mit einem gewissen Maß an Zusammenarbeit honorieren müssen.

Ja, klar. Wie heißt es doch so schön? Hätte, hätte, Fahrradkette. Das war das erste Mal in diesem Leben, dass ich so etwas wie Freude und Spannung empfand. Das würde ich bis aufs Letzte ausreizen.

Die folgende Zeit gestaltete sich abwechslungsreich und wir gerieten öfter aneinander, als ich Schnurrhaare habe. Einmal warf sie mir sogar ihre mörderischen Schuhe hinterher. Trotzdem fuhr ich fort, sie zu triezen. Es war schön, aufregend, aber auch anstrengend. Immerhin musste ich mir beinahe jeden Tag etwas Neues einfallen lassen. Und das geht nicht, wenn man zwanzig Stunden am Tag schläft.

Daher weiß ich nicht, wessen Stoßseufzer tiefer war, als der Mann endlich wieder nach Hause kam. Erleichtert fielen wir ihm beiden um den Hals.

Nach diesem peinlichen, emotionalen Ausrutscher erinnerte ich mich allerdings rasch wieder an meine selbstgewählte Außenseiterposition und zog mich auf meinen Schrank zurück. Von diesem Thron stieg ich auch in Zukunft nur dann herab, wenn es absolut unumgänglich war. Meist wählte ich Zeiten, zu denen ich das Haus für mich allein hatte. Tief in mir drin rechnete ich damit, dass es den Menschen eher früher oder später zu bunt würde und sie mich ins Tierheim abschieben würden oder einfach vor die Tür setzen. Schließlich war ich nur ein unnützer Esser, der ihnen nichts von dem schenkte, weswegen sich die Menschen Katzen ins Haus holen.

Doch egal, wer den Mann auf mich und mein abweisendes Verhalten ansprach, er winkte mit einem Lächeln ab. „Das wird schon", sagte er dann.

Ich weiß nicht, wer skeptischer war. Die Besucher, die Frau oder ich.

Aber dann kam dieser eine, besonders scheußliche

Herbsttag. Draußen heulte der Wind ums Haus und der Ast des Kirschbaumes kratzte heftiger als je zuvor am Küchenfenster. An diesem trüb-dunklen Tag blieb er vor meinem Schrank stehen. Er sah mich nicht an, sondern betrachtete ein gerahmtes Foto in seinen Händen. Dann drehte er es so, dass ich es auch sehen konnte:

Ein pausbäckiges Kind, mit zerzausten Haaren und breitem Lachen hielt ein Babykätzchen im Arm. Das Kleine drückte sich an ihn und aus seinen Augen sprach bereits die unendliche Liebe, die es diesem einen Menschen schenken wollte.

„Das bin ich."

Echt? Wow, darauf wäre ich nie gekommen.

„Damals war ich fünf. Mein Leben war ziemlich schwierig. Das einzig Gute daran war Minka. Ihr verdanke ich, dass heute hier stehe."

Buhuu – mir kommen gleich die Tränen.

Jetzt sah er zu mir hoch, doch ich konnte seinen Gesichtsausdruck nicht deuten

„Ich wusste immer, wenn ich mal ein Kind habe, schenke ich ihm auch ein rotes Kätzchen. Ich war mir sicher, ich würde es fühlen, welches das Richtige für mein Kind ist. Nun ja, jetzt ist die Reihenfolge zwar anders rum, aber was soll's ..."

Er schwieg einen Moment. Dann wandte er sich zum Gehen. Kurz bevor er durch die Küchentür verschwand, drehte er sich noch einmal um. Dieses Mal erkannte ich das selbstvergessene Lächeln auf seinem Gesicht.

„Hab noch etwas Geduld, mein Lieber. Dein Mensch macht sich bald auf den Weg zu dir."

Wie gerne hätte ich einen Mittelfinger gehabt.

Der folgende Winter verlief ereignislos. Das Grau der schneelosen Landschaft passte zum Grau meines Lebens. Ich aß, schlief, putzte mich – und wiederholte das Ganze. Ein typisches Einzelkatzenleben eben.

Frühling, Sommer, Herbst, Winter.

In einem beheizten Haus mit Dach spielt das Wetter keine Rolle.

Ich weiß nicht, wie viele Jahreszeitenwechsel spurlos an mir vorübergingen.

Gelegentlich dachte ich an meine Mama und die Regenbogenbrücke. Beide würde ich wohl nicht wiedersehen. Aber so richtig schlimm fand ich es nicht. Da war höchstens ein kleines Bedauern. Sieben Leben waren ziemlich viel, redete ich mir ein, und völlig ausreichend. Wer brauchte schon einen ewigen Frühling mit Sonnenschein und Vogelgezwitscher. Vor allem wenn man die dazugehörigen Vögel nicht jagen durfte. Zumindest ging ich davon aus. Alles andere wäre ja ziemlich ungerecht.

Der Eibisch stand in voller Blüte, als mein Leben eine radikale Wendung und der Eibisch eine noch radikalere Kürzung erfuhr.

Der Mann hatte einige Zweige abgeschnitten und auf den Küchentisch gelegt. Der Duft erfüllte das ganze Haus und lockte sogar mich vom Schrank. Gedankenverloren steckte ich meine Nase zwischen die Dolden, atmete tief durch. Ein vorwitziger Käfer angelte nach meinen Schnurrhaaren und ein Würgen erfüllte die Moment.

Ein würgender Käfer?

Bevor ich auch nur ahnte, was mir, dem Käfer und dem Eibisch gleich blühen würde, traf uns ein Schwall heißer Flüssigkeit mit Bröckchen.

Ich erspare euch eine genaue Schilderung. Nur so viel: der Gestank nach Halbverdautem verfolgte mich noch tagelang. Vielleicht hätte ich den Versuch, mich in die Badewanne zu stecken, nicht ganz so vehement ablehnen sollen.

Was danach folgte, war der erste Akt des Dramas.

Leg dich nicht mit einer Frau an. Erst recht nicht, wenn sie Nachwuchs erwartet.

Klarerweise wollte die Frau den Eibisch loswerden.

Genauso klar – und vor allem logisch – argumentierte der Mann dagegen. Es reiche doch völlig, nur die Blüten abzuschneiden. Oder einfach die paar Tage den Garten zu meiden. Sie lenkte ein. Bei mir schrillten sämtliche Alarmglocken. Allerdings nur bei mir. Daher fiel der Mann aus allen Wolken, als er am nächsten Abend heimkam und an der Stelle des Eibischs nackte Erde vorfand. Der ganze riesige Eibisch war weg. Samt Putz und Stiel. Oder in seinem Fall wohl eher samt Blüte und Ast.

Ich gestehe, ich habe die ganze Aktion gebannt vom Fenster aus verfolgt! So etwas sah man schließlich nicht alle Tage.

Die Frau hatte sich in mehrere Schichten Plastik gewickelt. Dazu trug sie die dicken Handschuhe, mit denen der Mann Essen aus dem heißen Ofen holte. Oder versuchte, mich zu baden. Auf ihrer Nase thronte eine pinke Wäscheklammer und neben ihr stand ein knallfroschgrüner Kotzeimer. Letzterer wurde in den folgenden Wochen übrigens ihr engster Vertrauter und treuester Begleiter. Sie nahm ihn sogar zum Arzt mit. Zu meinem Tierarzt! Ich schämte mich in Grund und Boden.

So ausgestattet hieb sie mit einer gewaltigen Axt auf den armen Strauch ein, als gelte es, eine ganze Armee von Feinden niederzumetzeln.

Wieso ich das beurteilen kann?

Ich sage nur ein Wort: Playstation.

Dieser kleine schwarze Kasten war wirklich sehr informativ! Sollte demnächst eine Zombiearmee vor der Tür stehen – die Frau und ich kämen auch ohne den Mann klar. Wahrscheinlich würde ich es sogar allein schaffen. Die halten doch ohnehin nichts aus. Nur für den Endgegner wäre ich lieber zu zweit.

Aber die Wahrscheinlichkeit, dass ein Zombie vorbeikam, so dachte ich damals noch ganz naiv, war relativ gering. Trockentraining (also das Fernsehen) genügte mir vollauf.

Falsch gedacht.

Es gab Zombies. Aber sie ernährten sich nicht von Menschen, sondern von Kaffee. Und sie bekamen verdammt schlechte Laune, wenn man versehentlich ihren Becher umwarf.

Zurück zum Eibisch.

Eines musste ich ihr lassen: Sie war gründlich. Am Ende des Tages erinnerte nur noch eine kahle Stelle in der Wiese an ihn.

Dann kam der Mann. Gebannt drückte ich mir die Nase an der Scheibe platt. Hätte ich nicht müssen. Das Gebrüll hätte ich auch noch am Klo gehört. Der Kotzstrauch war nämlich nicht nur irgendein Gewächs gewesen, sondern der Liebling seiner Großmutter. Nach ihrem Tod hatte der Großvater zwischen den Wurzeln ihre Asche verstreut.

Auf ihre spitze Bemerkung, dass die Wurzeln noch da seien und sein Großvater ein alter Tyrann gewesen wäre, bekam der Mann Schnappatmung – und begann dann zu lachen.

Kurz darauf wälzten sich die beiden nackig am Boden. Menschen ... Ich zog mich kopfschüttelnd auf meinen Thron zurück. Sieben Leben mit ihnen waren wirklich genug. Warum sollte ich auch noch mit einem von ihnen die Ewigkeit verbringen wollen?!

Nach dem Eibischmassaker blieb die Frau zuhause. Das war eine krasse Umstellung für mich. Plötzlich war immer jemand da und machte Geräusche. Und dazu die Gerüche. Vor allem aus dem froschgrünen Kotzeimer.

Zumindest ließ sie die Axt in der Werkstatt. Ein Glück, denn wenn sie alles niedergemetzelt hätte, was sie zum Kotzen brachte, wären wir wahrscheinlich bald in einem leeren Haus gesessen – falls es das Haus überlebt hätte. Sicherheitshalber verräumte der Mann alle waffentauglichen Gegenstände.

Die nächsten Wochen wurden uns beiden lang. Wenn sie nicht gerade in den Frosch spuckte, hing sie überm Klo. Manchmal war ihr Gesicht so grün, dass ich es kaum noch vom Eimer unterscheiden konnte. Irgendwann bemerkte ich, dass sie mir leid tat.

Katzen und Kotzen gehören zusammen wie Maus und Schwanz. Aber der Weg des Haarballens vom Magen die Speiseröhre hoch und dann durch den Rachen – nein. Es gibt eindeutig Schöneres im Katzenleben. Und so, wie sie klang, gab es bestimmt auch sehr viel Schöneres in ihrem Leben.

Nachdem ich einen besonders großen, widerspenstigen Haarballen abgearbeitet hatte, beschloss ich, dass es an der Zeit war, alte Zwistigkeiten beiseite zu spucken – äh zu schieben - und leistete ihr von da an Gesellschaft. Vor allem nachts, wenn die Zeit stehenzubleiben schien. Wenn jeder normale Mensch und auch die meisten Tiere schliefen. Und sie sich nichts sehnlicher wünschte, als sich ins Bett zu kuscheln. Stundenlang, nächtelang, wochenlang saß ich an ihrer Seite. Stupste sie dann und wann mit dem Kopf an und brummte beruhigend. Trotz ihrer Abneigung schien ihr meine Gegenwart tatsächlich gut zu tun. Sie kotzte sich zwar nach wie vor die Seele aus dem Leib, schluchzte dazwischen aber nicht mehr ganz so herzzerreißend.

Von einem Tag auf den anderen war es damit vorbei. Der Frosch verschwand in der Abstellkammer und die Frau im Bett. In der ersten Nach saß ich etwas konsterniert auf dem Badezimmerteppich. Was sollte ich bitteschön jetzt machen? Im ersten Impuls wollte ich mich wieder auf meinen Schrank zurückziehen. Ein bisschen beleidigte Leberwurst spielen.

Aber dann kam eine echte Leberwurst. Kalbsleber, um genau zu sein. Röllchenweise haben wir uns das Zeug einverleibt. Und auch sonst noch so allerlei. Einen so gut gefüllten Kühlschrank habe ich niemals vorher und niemals nachher erlebt. Randvoll mit den köstlichsten Leckereien.

Unterm Tag hielt sich die Frau zurück. Aß nur weich gedünstetes Obst und Magermilch-Naturjogurt. Dazwischen irgendwelche Samen, die ich noch nicht mal im

Garten ausgesät hätte haben wollen. Ich meine, wer will schon Pflanzen haben, deren Namen er nicht aussprechen kann? Ich würde doch auch kein Tier fressen, das ich noch nie gesehen habe und das grauenvoll stinkt.

Aber Menschen waren eben anders. Vielleicht lag es daran, dass sie lesen konnten. Mit dem Zeug, was in den Büchern stand, war ich noch nie glücklich alt geworden.

Die Tage verbrachte ich also wieder auf meinem Schrank. Das Elend musste ich mir nicht ansehen. Die Geräusche, die sie beim Essen machte, reichten mir schon.

Abends diskutierten die beiden dann darüber, was ein Baby so alles brauchte – und was nicht. Und Teufel eins, so ein kleiner Schreihals brauchte eine ganze Menge. Und da er anscheinend in erster Linie eine zufriedene Mutter brauchte, bekam die Frau eigentlich immer ihren Willen. Vor allem der Hinweis „Du verstehst nicht, was ich gerade für dich durchmache", wirkte wahre Wunder.

Die Nächte verliefen ebenfalls immer nach demselben Muster.

Kaum war der Mann ins Bett gegangen, kam die Frau wieder herunter – und ich erwartungsvoll in die Küche.

Beim gemeinsamen Sahneeis erläuterte sie mir haarklein, was er wieder alles falsch gemacht hatte. Und das war eine ganze Menge. Meistens war das Sahneeis vorher fertig. Aber das machte nichts. Wir futterten uns gemeinschaftlich quer durch den Kühlschrank.

Ganz ehrlich – nichts stimmt so versöhnlich wie ein wohlgefülltes Bäuchlein.

Am Ende unserer Fressorgie ließ ich mir sogar aus ihren Zeitschriften vorlesen. Nur wenn es gar zu hirnrissig war, zog ich die Krallen quer durchs Papier. Mit der Zeit verstand sie diesen Hinweis sogar.

Derart gestärkt überstanden wir den nächsten Tag – und freuten uns beide insgeheim auf die Nacht.

Es dauerte einige Wochen, bis der Mann uns dabei ertappte. Er hatte sich schon öfters lautstark gewundert, wie die Frau von Körnern, Magermilch und Obst so rund hatte werden können. Und warum der ehemals so ranke Hauskater plötzlich ebenfalls trächtig wirkte.

Eines Nachts hörte ich seine leisen Schritte über die Treppe nach unten tappen. Er ließ sogar die beiden knarrenden Stufen aus – er wollte sich tatsächlich anschleichen. Ich gähnte amüsiert. Da war selbst ich mit meinem Übergewicht noch leiser. Daran, dass die Frau schlechter hörte als ich, dachte ich allerdings in diesem Moment nicht.

Mit einem Knall krachte die Küchentür gegen die Wand und der Mann rief:

„Ha – hab ich dich!"

Die Frau schoss mit einem Schrei in die Höhe und ich bis auf halber Höhe an die Decke. Ich glaube, unsere Blicke in seine Richtung waren dieselben: feindselig und vorwurfsvoll, jedenfalls bekam er sofort ein schlechtes Gewissen.

Kurze Zeit später saßen wir zu dritt auf dem Boden – das war eindeutig sicherer – und mampften Vanillepudding.

„Aber gell", brummte der Mann mit vollem Mund, „wenn der Kleine da ist, dann nimmst du wieder ab? Nein, halt –"

Er riss die Arme zum Schutz hoch.

„Lass mich doch ausreden. Meinetwegen bleib wie du bist. Aber ich höre mir bestimmt nicht ein Leben lang dein Gejammere an, dass alle anderen Mamas auf dem Spielplatz eine bessere Figur hätten."

Die Frau maulte Unverständliches in ihre fast leere Puddingschüssel.

Da legte der Mann den Arm um ihre Schultern, zog sie ganz zu sich heran und küsste sie auf die Wange.

„Für mich wirst du immer die Schönste sein. Selbst mit Hagelschaden am Arsch und Ralleystreifen am Bauch. Gut, bei Hängetitten müssten wir –"

Weiter kam er nicht.

Die Reste der Puddingschlacht versüßten mir noch etliche Stunden das leidige Putzen.

Ab diesem Tag lebten die Frau und ich in völligem Einklang. Wenn es heiß war, dösten wir im Schatten, schleckten kalte Milchprodukte und brummten gelegentlich zufrieden. Wenn es kalt war, shoppte sie sich am Bezee die Finger wund, während ich auf ihrem Schoß schlief. Zugegeben, das wurde immer schwieriger, aber wo ein Wille, da ein Weg. Gegen Ende lag ich eben nicht mehr vor der Kugel, sondern oben drauf.

Und dann kam der eine Tag.

Ich weiß es noch, als wäre es gerade erst passiert.

Wir hatten warmen Kakao getrunken und die Frau las mir die Vorteile von verschiedenen Matratzen vor – da bekam ich einen Tritt, der mich fast hinunterrutschen ließ. Nur mit Mühe konnte ich mich auf dem schwankenden Untergrund halten, ohne die Krallen auszufahren. Endlich ausbalanciert, sah ich vorwurfsvoll zu ihr hoch. Wieso hatte sie das getan?

Und was machte sie?

Starrte mich mit einem so breiten Grinsen an, dass ich dachte, ihr fallen gleich die Zähne aus dem Mund.

„Du hast es gespürt, gell? Warte mal ...“

Sie schob mich einfach ein Stück zur Seite und drückte mich an ihren Bauch.

„Jetzt, gleich, Moment ... DA.“

Ich muss wohl ausgesehen haben, wie ein vom Blitz gestreifter Uhu, jedenfalls begann sie lauthals zu lachen.

„Ach Linus!“

Sie zerwuschelte mir den ganzen Pelz, obwohl sie wusste, wie wenig ich dergleichen schätzte.

„Du hast gerade unser Baby gespürt. Wenn der Winter vorbei ist, kommt es endlich.“

Zärtlich streichelte sie die riesige Kugel. Sie sah so selbstvergessen, verliebt aus, dass sogar mir altem Kater ein bisschen komisch wurde. Gleichzeitig erschütterte mich die Nachricht, dass es noch so lange dauern würde, ziemlich. Nicht weil ich mich so auf das schreiende und kackende Bündel freute, sondern weil die Frau jetzt schon aussah, als würde sie gleich vornüberkippen.

Das konnte heiter werden. Besser ich animierte sie nicht mehr so oft dazu, den Kühlschrank zu plündern. Stattdessen würde ich sie, so gut es ging, ablenken. Ein Blick nach unten bestätigte mir, dass das auch in meinem eigenen Interesse war. Einmal an Herzverfettung sterben reichte schließlich.

Der Winter hatte sehr viel Schnee und eisige Temperaturen gebracht. Selbst wenn ich hinaus gedurft hätte, wäre ich lieber drin geblieben. Vor allem wenn es, so wie jetzt, im ganzen Haus nach Kakao und Butterbrot duftete.

Dafür würde ich jeden Mittagsschlaf unterbrechen!

Nach einem letzten herzhaften Gähnen schob ich die Schwingtür zur Küche auf und hörte:

„Linus gehört nicht ins Haus. Ein Kater ist ein Raubtier. Zugegeben, ein kleines, aber trotzdem. Er sollte im Garten sein."

Vor Schreck stieß ich die Tür ganz auf – und bekam sie prompt zurück an den Kopf geknallt.

Was passierte hier gerade?

„Außerdem kann dann das Katzenklo weg. Ich will es nicht mehr saubermachen. Die Ansteckungsgefahr ist mir zu groß. Wusstest du, dass sich in Europa jedes Jahr zwei Millionen Menschen mit Toxoplasmose infizieren? Und was für Schäden sie haben?"

„Und wenn du Handschuhe anziehst?"

Die Frau stieß ein zischendes Geräusch aus.

„Außerdem ist er dein Kater. Ich verstehe sowieso nicht, warum ich mich um ihn kümmern soll."

„Ich dachte, ihr wärt mittlerweile gute Freunde geworden."

Dachte ich auch ...

„Er ist doch nur ein Kater."

„Und mit einem Tier kann man nicht befreundet sein? Magst du ihn plötzlich nicht mehr?"

„Verdammt, Mike, mach es mir nicht so schwer."

„Ich dachte, du fändest seine Gesellschaft beruhigend."

„Tu ich ja auch. Meistens jedenfalls."

„Und du magst sein Fell."

„Aber nicht immer und überall. Das Baby hat dann bestimmt auch welche im Mund."

„Wir könnten ihn rasieren."

Wie bitte?

„Lass den Blödsinn", sie kicherte und er ergriff sofort die Chance. Mit geradezu unerhörter Begeisterung schmückte er diese absurde Idee weiter aus:

„Am besten wie einen Pudel. Du weißt schon – mit Halskrause, Puschelbeinchen und einer Quaste an der Schanzspitze."

Wagt es ja nicht!

Fassungslos und auch etwas eingeschnappt musste ich beobachten, wie die Frau vor lauter Lachen den Fenchel-Ingwer-Orangen-Tee über den Tisch spuckte. Was für eine bodenlose Frechheit! Mir stand mein wunderschönes Fell vor Schreck zu Berge und die Menschen amüsierten sich köstlich.

Als sie sich endlich halbwegs beruhigt hatte und gerade einen neuen Schluck nahm, legte der Mann noch einmal nach: „Und wenn es ein Mädchen wird, färben wir ihn rosa."

Dieses Mal dauerte es noch länger, bis sie wieder Luft bekam und den ganzen verschütteten Tee aufgewischt hatte. Geschah ihr nur Recht. Am liebsten hätte ich die ganze Kanne umgeworfen.

„Danke, Liebling. Ich kann diesen grässlichen Geschmack ohnehin nicht leiden. Was würde ich für ein schönes Glas Grauburgunder geben."

„Du bekommst ein Glas Kinderschaumwein und ich eine Zigarre aus der Pokerkiste. Wie wär´s?"

„Oh nein! Das schlag dir aus dem Kopf. Im Haus wird nie mehr geraucht."

„Gilt das auch fürs Wohnzimmer?"

„Gerade nicht im Wohnzimmer."

„Zum Fenster hinaus?"

„Nein."

Die Stimmung kühlte sogar für mich spürbar ab.

„Müssen wir wirklich unser ganzes Leben aufgeben? Alles, was uns Spaß gemacht hat?"

„Was heißt da wir?", fragte sie spitz. „Für dich ändert sich doch nichts."

„Was ist mit der Zigarre?"

„Himmel, das ist doch wirklich nicht wichtig!"

„Also für mich schon. Ein Abend mit den Jungs, ein bisschen Pokern, ein schöner Whiskey und dazu eine Zigarre. Du weißt, wie wichtig mir das ist. Wir wechseln uns ohnehin ab. Sie kommen nur alle sechs Wochen zu mir."

„Kamen."

„Wie meinst du das?"

„Dass das nicht mehr gehen wird. Nicht hier bei uns. Der Lärm, der Rauch und alles - nein. Das ist vorbei."

„Na gut. Ich rede mit den Jungs. Wir können es sicher so machen, dass ich eine Weile als Gastgeber aussetze."

„Dass du ganz aussteigst."

„Wieso das denn?"

„Weil wir ein Baby kriegen."

„Ja, aber doch nicht jeden Abend."

„Stell dich nicht blöd!"

Er hob abwehrend die Hände.

„Schon gut. Aber ich sehe wirklich nicht ein, warum ich meine Männerrunde aufgeben soll."

Sie schwieg, kratze sich an der Nase, rutschte ein bisschen hin und her. Dann gab sie sich einen sichtbaren Ruck.

„Weil ich es auch nicht mehr kann."

„Was?"

„Na alles."

„Was alles?"

Er klang so ratlos wie ich mich fühlte. Was hatte die Frau bloß? Eine Katze bekam durchschnittlich vier bis sechs Junge. Sie nur eines.

„Na alles alles eben. Hast du eine Ahnung, worauf ich verzichten muss? Ich darf keine Meeresfrüchte essen, keine Salami und die meisten Käsesorten sind auch tabu. Von Mousse au Chocolat oder Tiramisu darf ich höchstens träumen. Und immer dieses Damoklesschwert über mir! Wenn ich irgendwas nicht richtig mache, stirbt unser Kind. Oder ist behindert. Oder krank. Oder alles zusammen."

„Mal langsam Liebes, hör mir bitte ...“

„Nein. Nein jetzt hörst du mir zu. Ich hätte dir das schon viel früher mal sagen sollen. Und wenn du meinst, nach der Geburt ist alles vorbei – dann fängt der Horror erst an. Wusstest du, was man beim Stillen alles falsch machen kann? Überhaupt bei der ganzen Ernährung? Das falsche Fläschchen und er kriegt Kreidezähne. Der falsche Sauger und schon hat er eine Kieferfehlbildung. Dann die ganzen verschiedenen Giftstoffe, die überall drin sind. Wo bekommen wir unbehandeltes Kiefernholz her? Gezahnt, nicht geleimt. Noch schlimmer ist die Matratze. Stell dir vor, wir bringen ihn abends ins Bett und wenn du das nächste Mal nachschaust ist dein Sohn tot! Einfach so. Plötzlicher Kindstod heißt das. Wenn ich nur daran denke, könnte ich ausflippen."

„Tust du bereits.“

„Wie bitte was?“

„Nicht *könntest du ausflippen*. Du flippst bereits aus.“

„Wie sollte ich dabei ruhig bleiben? Verdammt, Mike! Wir werden Eltern. Wir sind für ein winziges Menschenleben verantwortlich. Was, wenn wir was falsch machen? Und er durch unsere Schuld krank wird? Oder sich verletzt?“

„Kommt daher auch dein Wunsch, Linus in den Garten zu lassen? Willst du ihn auf die Art loswerden?“

„Nein.“

Es klang ehrlich. Unwillkürlich neigte ich mich nach vorne. Bloß nichts verpassen!

„Nein“, sie seufzte. „Du hattest ja Recht. Ich mag den kleinen Kerl ja auch. Allein schon, wenn ich an die vielen Stunden im Bad denke. Ohne ihn wäre ich verrückt geworden. So ganz alleine.“

Mach mal die Ohren auf, Mann. Die Spitze höre sogar ich!

„Na eben. Also warum der Garten?“

„Weil er mir leid tut. Den ganzen Tag nur hier drinnen. Kinder sollen täglich an die frische Luft. Am besten mehrere Stunden. Sich draußen bewegen und austoben. Entdecken, durch Pfützen hüpfen, Käfer sammeln, Stöcke werfen ... und wenn das für Kinder schon wichtig ist, dann doch auch für einen Mini-Tiger. Ihm muss doch schrecklich langweilig hier drinnen sein. Hast du nie gesehen, wie er am Fenster sitzt und rausschaut? Ehrlich, mir kommen jedes Mal die Tränen.“

„Schatz, du heulst momentan wegen alles und jedem. Sogar die Mücken tun dir leid, die aus der Werbung für den Insektenspray. Ich habe genau gesehen, dass du dir eine Träne weggewischt hast.“

„Das sind die Hormone", verteidigte sie sich verlegen.

„Ja, und das ist doch in Ordnung. Ich versteh nur nicht, dass du den armen Linus deswegen rauswerfen willst."

„Das will ich nicht. Er soll ja trotzdem immer rein-können."

„Und das Ungeziefer lässt er draußen? Wie stellst du dir das vor? Willst du ihm so eine Schleuse bauen? Wo er dekontaminiert wird?"

„Ach, ich weiß doch auch nicht."

Sie lehnte sich an seine Schulter.

„Ich will einfach nur mein Kind beschützen."

„Unser Kind."

„Ja, schon. Aber in erster Linie meines. Du bist ja nie da."

„Was meinst du damit?"

„Du wirst den ganzen Tag außer Haus sein und darfst arbeiten und triffst ständig neue Leute, gehst gut essen und tust alles, was du jetzt auch tust. Die ganze Verant-wortung bleibt an mir hängen. Ich sitze dann Tag für Tag mit einem schreienden Baby und einem miesepetri-gen Kater im Haus fest. Am Ende ist er auch noch eifer-süchtig und fängt an, auf den Teppich zu pinkeln! Den Gestank kriegen wir bestimmt nie mehr raus. Oder auf die Spielsachen. Das kommt ganz oft vor."

„Stopp. Reden wir jetzt von etwas, das du wirklich aus Erfahrung weißt, oder über etwa, von dem du in einem deiner tollen Bücher gelesen hast?"

„Was soll denn der Ton? *In deinen tollen Büchern*", äffte sie ihn nach. „Dir würde es auch nicht schaden, dann und wann eines in die Hand zu nehmen. Hast du über-haupt eine Ahnung, welche Kinderkrankheiten es gibt?

Oder wie die Geburt abläuft? Du stellst dir das alles viel zu einfach vor."

Diese Stimmungsschwankungen! Da konnte ich nur den Kopf schütteln. Sie schaffte es schneller von Wut über Glück zum Heulen und wieder zurück, als ich pinkeln konnte.

Vorsichtig zog er sie in seine Arme und obwohl sie sofort mit beiden Fäusten auf ihn einklopfte, ließ er nicht los. Dabei strich er ihr immer wieder beruhigend über den Rücken, bis der Weinkrampf nachließ. Als sie ruhig geworden war, küsste er sie auf die Stirn.

„Milliarden Leute vor uns haben Kinder großgezogen. Die meisten ganz ohne Bücher gelesen zu haben. Kinder zu kriegen ist das natürlichste der Welt - "

„Fast 300.000 Frauen sterben jedes Jahr an dieser natürlichsten Sache der Welt", warf sie ihm an den Kopf.

„Am anderen Ende der Welt, nicht bei uns."

„Auch bei uns! Zwischen 40 und 50 Frauen sterben. Hier in Deutschland."

Sie schlug die Hände vors Gesicht und begann wieder zu weinen.

Hilflos wiegte der Mann sie hin und her.

„Ach Schatz, mach dir doch keine Sorgen, alles wird gut"

Klingt ein bisschen lahm, mein Guter.

„Und was, wenn nicht? Oder was, wenn unser Kind nicht gesund ist? Wenn es ..."

Ihre Stimme zitterte und sie musste mehrere Anläufe nehmen: „Wenn es behindert ist?"

„Dann werden wir es trotzdem lieben."

„Auch wenn er nie mit dir Fußball spielen wird?"

Der Adamsapfel zuckte auf und nieder, als der Mann schluckte.

„Wenn er vielleicht Papa sagen wird?"

Der Mann wandte den Kopf ab, sah zu Boden.

„Oder wenn er nur ein paar Stunden lebt, so wie -"

„Sag es nicht!"

„Deine Nichte."

„Hör auf!"

Obwohl er leise gesprochen hatte, lag in der Stimme mehr Schärfe als in meinen Krallen.

„Was meiner Schwester passiert ist, ist furchtbar. Aber es hat nichts mit uns zu tun. Bis jetzt sind alle Untersuchungen gut verlaufen. Der Arzt hat gesagt, wir brauchen uns keine Sorgen zu machen."

„Das sagen sie doch alle. Da könnte dir das Alien schon von innen gegen die Bauchdecke kratzen und die verdammten Ärzte würden noch sagen: Machen Sie sich keine Sorgen."

Langsam aber sicher wurde es mir zu viel. Die Gefühlschwankungen waren das eine, aber Wahnvorstellungen mit Aliens? Bei nächster Gelegenheit musste ich die Bücher verstecken. Am besten zusammen mit diesem komischen Vitaminpillen. Doppelt gemoppelt hielt besser. Aber zuerst würde ich die beiden Jammerlappen auf andere Gedanken bringen.

Entschlossen schob ich die Küchentür auf und stieß ein markerschütterndes „Miau!" aus.

Nun konnten die beiden sehr gründlich üben, wie es war, ein grundlos schreiendes, kleines Wesen zu trösten.

Die ersten Blumen hatten sich durch die Schneedecke gegraben und überall herrschte mehr Geschäftigkeit, als der Durchschnittskater brauchte. Draußen wie drinnen waren alle mit Nestbau beschäftigt. Und ehrlich, besonders groß waren die Unterschiede nicht.

Die Männchen schafften das Baumaterial heran und die Weibchen sortierten es mit großem Gezeter wieder aus.

Die anschließende Feinarbeit übernahmen die Frauen. Ein Blatt hier, ein Stofftier dort – und wehe, es saß nicht aufs Haar genau an der richtigen Stelle! Dann konnte auch mal alles wieder herausgerissen werden.

Allerdings saßen die Vogelmütter danach nicht heulend am Boden und behaupteten, nie im Leben fertig zu werden. Außerdem waren sie, soweit ich das beurteilen konnte, deutlich beweglicher. Die Menschenfrau nämlich kam ohne Hilfe alleine kaum noch vom Boden hoch, während die dicke Amsel immer noch fliegen konnte.

Einmal wollte sie sich hochziehen und griff nach dem Erstbesten, das sich in Reichweite befand. Blöderweise war das mein Schwanz, der vom Tisch herunterbaumelte.

Die Schleifspuren meiner Krallen sind heute noch im Holz zu sehen.

Etwa zur selben Zeit gewöhnte ich mir an, mehrmals am Tag die Schnauze in die Kugel zu bohren. Dann zwei, höchstens dreimal stupsen – und ich bekam einen Nasenstüber zurück. Ich gebe zu, es faszinierte mich.

Dann kam jene Nacht, die wir alle nie wieder vergessen werden.

Ich weiß nicht, was es war, das mich nicht zur Ruhe kommen ließ. Irgendetwas stimmte nicht. Vielleicht ein Geruch, vielleicht eine Spannung in der Luft.

Nervös wanderte ich durchs ganze Haus. Treppauf, treppab. Eine Runde durch die Küche, dann wieder hoch. Natürlich führte mich mein Kontrollgang auch immer einmal rund ums Bett. Der Mann war noch unterwegs, aber die Frau schien ebenfalls etwas zu merken. Im Schlaf wälzte sie sich leise stöhnend von einer Seite auf die andere.

Eigentlich wollte ich genauso leise wieder hinausschleichen, aber ich konnte nicht. Hin- und hergerissen stand ich neben ihren Pantoffeln. Sollte ich? Aber was, wenn sie sich erschreckte?

Ich gab mir einen Ruck. Was konnte schon passieren? Schlimmstenfalls wurde sie eben wach und ich im hohen Bogen Richtung Tür befördert. Was soll's. Ich war schließlich ein Kater. Ich würde schon auf den Pfoten landen.

Geschickt sprang ich hoch und wühlte mich unter die Decke hinein. Dann robbte ich bis zu ihrem Bauch und stupste dagegen. Und dann noch mal und noch mal. Quasi in unserem Rhythmus.

Aber nichts passierte.

Ich drückte wieder. Dieses Mal deutlich fester.

Kein Nasenstüber.

Ich rammte den ganzen Kopf in die Seite, doch das einzige, was sich bewegte, war die Frau.

Hier stimmte etwas ganz und gar nicht!

Hastig grub ich mich aus dem Deckenberg und biss ihr kräftig in die Nase. Was bei kleinen Kätzchen half, konnte für Menschen auch nicht ganz verkehrt sein. Und tatsächlich: Ich hatte binnen eines gedachten Miaus ihre volle Aufmerksamkeit. Bevor sie allerdings dazu kam, mir eine überzubraten, krallte ich mir die Decke und zog und zerrte daran, während ich gleichzeitig ununterbrochen schrie. In etwa so wie auf dem Weg zu Tierarzt.

Glaubt mir, dagegen kann jedes Nebelhorn einpacken!
Trotzdem dauerte es eine Ewigkeit, bis sie begriff, was
ich wollte. Dann ging aber alles schnell.

Auch diesen Anblick werde ich nie vergessen:

Die Frau saß mit angezogenen Beinen im Bett, Unterarme und Hände um den Bauch geschlungen. Tränen
strömten über die Wangen und ihre Stimme brach, während sie das Baby immer lauter beschwor, sich zu rühren.

Was natürlich nicht geschah.

Da sie selbst offensichtlich keine Anstalten machte,
etwas wirklich Sinnvolles zu unternehmen, sprang ich
auf das Nachtischchen und schob das Händi über die
Kante, damit es auf die Matratze fiel. Zum Glück landete
es halb aufgeklappt. So konnte ich in die Hülle beißen
und es ihr bringen. Menschen! Sonst griffen sie auch
ständig zu diesem lästigen Bimmelding, aber war es einmal wirklich nützlich, vergaßen sie es.

Die Frau brauchte sage und schreibe fünf Versuche,
um Hilfe zu rufen. Ehrlich, ich habe es an den Krallen
mitgezählt. Sie konnte froh sein, dass ich nicht reden
konnte. Der hätte ich was erzählt! Sich so dumm anzu-
stellen, also wirklich.

Mein Ärger verrauchte allerdings im selben Moment,
in dem sie aufstand und ich plötzlich ihre Angst roch.
Nein, sie hatte jedes Recht, tollpatschig zu sein. Ich
musste die Sache in die Pfoten nehmen und doppelt so
gut aufpassen. So schnell mich meine Beine trugen,
wetzte ich voraus, um überall das Licht anzumachen.
Endlich einmal waren die alten Kippschalter nützlich. Es
war leicht, sie mit der Pfote runterzuziehen. Außerdem
schob und zog ich alles aus dem Weg, worüber sie viel-

leicht stolpern konnte. Zwischendrin rannte ich wieder zu ihr zurück, rieb meinen Kopf an ihren Beinen, mauzte aufmunternd.

Wir müssen ein komisches Bild abgegeben haben. Ein hysterischer Kater, der wie ein Gummiball durch die Räume hüpfte und ein Wal mit Schluckauf, der auf dem Hintern die Treppe runterrutschte und dabei beinahe so viel Rotz wie Wasser verlor.

Kurz darauf leuchteten blaue Lichter vorm Fenster auf und junge Männer trampelten mit schmutzigen Stiefeln über den blütenweißen Teppich. Mir schenkte niemand Beachtung. Noch nicht einmal die Tür wurde abgesperrt. Einige Herzschläge lang hörte ich noch das schrille Heulen der Sirene – und dann war alles still. Geradezu gespenstisch still. An das Wort „Totenstille" wollte ich nicht denken. Ich verbat mir alle schlechten Gedanken, so als könnte ich damit irgendeine Art von Einfluss auf das weitere Geschehen ausüben.

Der zweite Morgen dämmerte herauf, als der Mann heim kam. Abgesehen von kurzen Abstechern aufs Klo hatte ich meinen Wachposten an der Tür kein einziges Mal verlassen. Das erklärte wohl, weshalb wir beide in etwa gleich zerrupft und zerknautscht aussahen.

Mit einem Satz war ich bei ihm und knallte den Kopf so fest gegen sein Schienbein, dass er einen Schritt nach hinten machen musste, um auszubalancieren, doch das half ihm auch nicht mehr, denn ich setzte gleich noch einmal nach. Prompt landete er auf dem Hintern und ich mit einem Satz auf seinem Schoß. Die Pfoten gegen seine Brust gestemmt, funkelte ich ihn auf gleicher Augenhöhe an. Wehe er kam mir jetzt mit einem „Du hast bestimmt Hunger?" Ich würde kein Parton kennen. Die Krallen meiner rechten Pfote zuckten bereits.

„Ach Linus, mein Lieber. Du bist schon wach?"

Er versuchte mich ein Stück wegzuschieben. Betonung liegt auf *versuchte*. Mit aller Kraft hielt ich dagegen. Ich würde mich jetzt nicht mit einem Kopfkrauler abspeisen lassen.

„Hast du etwa gewartet?"

Ich fauchte.

„Du willst wissen, was mit Sarah und dem Kleinen ist?"

Nein, wie das Wetter morgen wird.

Meine Krallen bohrten sich ganz leicht durch sein Hemd.

„Autsch, ja schon gut. Beruhige dich. Sie leben. Alle beide. Aber sie müssen noch in der Klinik bleiben."

Tonnenschwere Anspannung fiel von mir. Erleichtert drückte ich meinen Kopf gegen seine Stirn. Der Atem des Mannes fuhr warm durch mein Brustfell. Für einen Augenblick oder zwei blieben wir ganz ruhig sitzen.

„Sarah hat mir alles erzählt. Ohne dich wäre unser Baby tot."

Unvermittelt fand ich mich gegen seinen Oberkörper gepresst und fühlte, wie mein Fell nass getropft wurde. Dann flüsterte der Mann:

„Danke Linus, danke! Ich weiß nicht, welcher gute Geist dich geschickt hat, aber ich werde ihm – und dir – ewig dankbar sein. Sobald unser Sohn groß genug ist, werde ich ihm davon erzählen. Er soll wissen, dass er sein Leben deiner Sturheit verdankt."

Ich gebe zu, ich fühlte mich mehr als nur geschmeichelt. Über die Behauptung, ich sei stur, ließe sich zwar streiten, aber so kleinlich wollte ich nicht sein. Zufrieden schnurrend – und auch kleines bisschen stolz – ließ ich mir den Pelz einweichen.

Es dauerte fast einen ganzen Mondlauf, aber dann war es soweit: Der kleine Mensch durfte nach Hause. Auch wenn ich es mir natürlich nicht so anmerken ließ, ich war mindestens genauso aufgeregt, wie alle anderen.

Ein Monat war das Baby schon alt. Mit den Gedanken daran, was kleine Kätzchen nach einem Monat schon konnten, sortierte ich erwartungsvoll mein Spielzeug. Endlich würde es mit der Langeweile vorbei sein.

Dann war es soweit.

Das Auto fuhr vor. Aufgeregt rannte ich zwischen Fenster und Haustür hin und her.

Als die Haustür aufging, sprang ich auf dem Fleck hoch und runter, um einen Blick ins Körbchen zu erhaschen.

„Nicht so stürmisch, Linus.“

Der Mann lachte.

„Du darfst ja gleich gucken.“

Während er ins Wohnzimmer ging, flitzte ich die Treppe hoch, um meine Lieblingsmaus zu holen. So schnell, dass ich fast die Kurve nicht bekommen hätte, wetzte ich zurück. Dann mit einem Satz aufs Sofa – und mir fiel die Maus aus dem Mäulchen.

Was war das denn, bitte schön?

Dieses winzige rosa Ding sollte einen Monat alt sein? Da – jetzt fuchtelte es mit den Ärmchen. Total unkoordiniert. Es sah nicht so aus, als wüsste es, was es da tat.

Skeptisch sah ich zu den beiden Menschen hoch. Hatten sie vielleicht das falsche Kind mitgebracht?

„Das ist unser Max. Ihr werdet bestimmt die besten Freunde. Aber – "

Der Mann zupfte am Mäuseschwanz.

„Bis er mit dir spielen kann, musst du dich noch ein wenig gedulden."

Ein wenig? Bevor das da ein brauchbarer Spielgefährte wurde, kriegte ich weiße Ohren.

Enttäuscht zockelte ich mit meiner Maus Richtung Küche ab. Auf diese Hiobsbotschaft brauchte ich erst mal eine Stärkung.

Entgegen meiner ersten Befürchtungen entpuppte sich der Kleine schon bald als brauchbarer Genosse. Und da er so klein war, hatten wir beide problemlos auf dem Lammfell Platz. Genauso in der Wiege und im Kinderwagen. Zuerst war die Frau ja dagegen gewesen, aber der Mann hatte sie rasch überzeugt:

„Max ist doch ständig kalt, Liebes."

„Dann ziehe ich ihm eben mehr an."

„Was denn noch alles? Er kann sich doch gar nicht mehr bewegen, so wie du ihn einpackst."

„Lieber zu wenig bewegen, als krank werden."

„Stimmt. Aber warum nicht beides? Bewegen und gesund bleiben?"

Sie schwieg.

„Lass es uns doch wenigstens versuchen. Oder glaubst du ernsthaft, dass Linus versuchen könnte, Max zu ersticken?"

Sie murmelte etwas Unverständliches.

„Wir versuchen es jetzt einfach."

Sprachs und pflückte mich von meinem Kissen. Ehe ich wusste, was mir geschah, lag ich in der Wiege – und hatte ein totales Wow-Erlebnis! Das sanfte Schaukeln, der Geruch nach Baby und Lammfell. Hier würde mich so schnell keiner mehr rauskriegen! Vorsichtig, um mein neu entdecktes Paradies nicht zu gefährden, schmiegte ich mich der Länge nach an den kleinen Körper und begann unwillkürlich zu schurren.

Lag es an meiner Wärme oder an der Vibration? Die Atmung des Kleinen wurde ruhiger. Auch die Händchen, die eben noch hektisch durch die Luft gefuchtelt hatten, sanken herab. Eines landete auf meinem Fell. Die Fingerchen zuckten kurz, dann schlossen sie sich erstaunlich fest um ein Haarbüschel. Nicht wirklich angenehm, eigentlich ein bisschen zu grob – aber gleichzeitig unbeschreiblich schön.

Mit dem sanften Hin und Her der Wiege schliefen wir beide ein.

Das Aufwachen gestaltete sich deutlich weniger friedlich.

Ein schriller Schrei ließ mich vor Schreck senkrecht in die Luft springen. Hätte nicht viel gefehlt und ich wäre wie eine Comickatze kopfüber mit den Krallen von der Decke gehangen!

Was um alles in der Welt geschah gerade? Irgendetwas musste auf bestialische Weise ermordet werden, so viel stand fest. Panisch rannte ich im Kreis, denn das vormals so wundervolle Schaukeln der Wiege hatte sich als Falle entpuppt. Egal, wie schnell ich rannte, ich schaffte es nicht, hinauszuspringen. Irgendwie war immer das Bett direkt vor mir. Gleichzeitig kreischte etwas schlimmer als eine eingeklemmte Ratte. Über all dem

Lärm hinweg brüllte auch noch jemand ständig meinen Namen.

Ich weiß nicht, wie oder wer, doch plötzlich bekam ich einen Stoß in die Seite, der mich über den Rand des Bettchens hinweg katapultierte. Obwohl ich ziemlich unsanft gegen die Wand krachte, kam ich sofort wieder auf die Pfoten, denn ich wollte nur eines: Weg! So schnell bin ich vermutlich niemals zuvor und auch niemals danach bis hinter die Truhe auf dem Dachboden geflitzt, wo ich mich zusammenkauerte. Wenn die Menschen einen beißkräftigen Helden brauchten, mussten sie sich einen Hund zulegen.

Als das Rauschen in meinen Ohren nachließ und ich wieder klar hören beziehungsweise denken konnte, musste ich mir allerdings beschämt eingestehen, dass ich ein klitzekleines Bisschen überreagiert hatte. Das, was ich im Halbschlaf für das Brüllen eines riesigen Monsters gehalten hatte, stammte in Wirklichkeit von einem winzigen, im Großen und Ganzen harmlosen Baby.

Trotzdem wartete ich sicherheitshalber, bis die letzten Töne verstummt waren. Erst danach schlich ich die Treppe hinunter und lugte durch den Türspalt ins Wohnzimmer.

Alle drei lagen auf dem Sofa. Erschöpft, mit zerzausten Haaren und roten Köpfen. Damit endeten die Gemeinsamkeiten allerdings. Während der Kleine zufrieden gluckste, wirkten seine Eltern eher so, als würden sie jeden Moment anfangen zu weinen. Vielleicht, weil sie im Gegensatz zu mir schon ahnten, was kommen würde.

Jeden Tag - und insbesondere jede Nacht - zeigte sich, dass unser Max anders war als alle Babys, die ich in meinen bisherigen Leben kennengelernt hatte. Dasselbe sagte auch jeder, der zu Besuch kam. Noch nie hatte jemand einen Säugling so laut und vor allem so ausdauernd schreien gehört.

Egal, was die Großen machten, er brüllte weiter.

Ich verstand die Welt nicht mehr.

Bis dahin waren Babys etwas Einfaches, Einordnenbares für mich gewesen. Wenn sie weinten, wurden sie abwechselnd gefüttert, sauber gemacht, geknuddelt oder bespielt. Man musste nur alles durchprobieren und eines davon stellte das Gekreisch zuverlässig ab.

Nicht so bei Max.

Er war der Erste, der mich um galoppierende Taubheit beten ließ.

Anfangs kamen noch viele Menschen zu Besuch. Die meisten brachten mehr oder weniger sinnvolle Geschenke und zum Teil wirklich seltsame Ratschläge mit. Ob der Kleine wirklich zehn verschiedene Schnüffeltücher brauchte oder eine chinesische Spieluhr, kann jeder selber entscheiden. Was wir aber definitiv nicht brauchten, waren blöde Bemerkungen.

Oh, ihr wundert euch über das wir?

Ja ähm, mhm. Stimmt schon.

Was soll ich sagen?

Irgendwann in dieser ersten schweren Zeit wuchsen wir vier so sehr zu einer Einheit zusammen, dass ich anfing, von wir und uns zu denken. Es fühlte sich einfach besser an, stärker. Außerdem: Wenn ich schon keine Wahl hatte, was das akustische Mitleiden anging, dann wollte ich auch am Positiven Anteil haben.

Nicht zuletzt trugen der allumfassende Schlafmangel und die abgrundtiefe Erschöpfung dazu bei. Zu sagen: „Wir versuchten, das Kind zum Einschlafen zu bewegen", geht halt schneller als: „Der Mann, die Frau und ich versuchten das Kind ... usw."

Na ja, ehe ich es mich versah, betrachtete ich mich als vollwertiges Familienmitglied und das Verhalten meiner Menschen bestärkte mich darin. Ja, meiner Menschen. Sarah und Mike. Denn von da konnte ich sie nicht mehr nur als einen Mann und eine Frau sehen, die zwar nicht gerade x-beliebig, aber im Großen und Ganzen doch austauschbar waren.

Jede Menge Tränen, Schweiß und Scheiß hatten uns zu einer Familie verklebt.

Mit der Zeit blieben die Besucher aus und ließen uns vier im Vorhof zur Hölle allein. Mehr als einmal weinte Sarah nach dem Telefonieren, weil ihre Freundinnen Besseres zu tun hatten, als ihr beizustehen. Statt wie sonst im Sommer brauner und strahlender zu werden, wurde sie blasser und kränker.

Ich sah das mit gemischten Gefühlen. Einerseits tat mir Sarah Leid. Andererseits hatten die Besucher doch nichts als Ärger bedeutet. Allein schon ihre Kommentare!

Am schlimmsten war Sarahs Mutter. Stürmte wie eine Furie ins Zimmer, riss unser Baby aus dem Schlummer – allein dafür hätte ich so schon als Kratzbaum verwenden mögen! Natürlich schrie der Kleine los. Darauf drückte sie ihn Mike in die Arme und sagte: „Diese grundlose Aufgeregtheit muss er von dir haben."

Dann setzte sie sich zu Sarah aufs Sofa, schlang den Arm um ihre Seite und strich mit der anderen Hand durch ihre Haare. Sarahs starre Haltung ließ mich das Schlimmste befürchten. Zu Recht.

„Also Kind, wirklich. Wann hast du dir das letzte Mal die Haare gewaschen? Und deine Taille kann man nur noch erahnen. Ein Kind ist doch kein Grund, sich so gehen zu lassen."

„Also, Mama, ich …"

„Oder glaubst du etwa, jetzt ist dir der Kerl sicher? Blödsinn sage ich dir. Denk nur an deine Tante Emma."

„Mama, bitte …"

„Bitte was? Ich sage dir nur die Wahrheit. Nicht, dass du dich hinterher beschwerst, es hätte dich keiner gewarnt. Gutes Aussehen ist die halbe Miete."

Demonstrativ schüttelte sie ihre Mähne, dass die Ohrringe nur so klimperten.

„Sie dir das an."

Sie wedelte mit den Händen in der Luft herum.

„Noch vor der Arbeit frisch manikürt. Dazu die richtige Creme. Ich sage dir, die Chinesen mischen da eine ganz hervorragende –"

Ich erspare euch den Rest.

Auch Mikes Mutter kam – und brachte mehrere Kisten, Kartons und einen Katzenkorb mit.

Mir sind Menschen suspekt, die wie Vögel zwitschern. Davon bekomme ich Kopfschmerzen. Trotzdem harrte ich neben dem Bettchen aus, bereit, jeden in die Flucht zu schlagen, der unser Kind aufwecken wollte.

Von allen anderen Nervensägen haben wir nur eine Art Hitliste der dämlichsten Bemerkungen gesammelt. Denn nachdem sich Sarah jede Spitze zu Herzen genommen hatte und schon gar nicht mehr wusste, wie sie den Kleinen halten sollte, begann Mike den Blödsinn aufzuschreiben. Und zwar so, dass selbst Sarah einsehen musste, dass es Unfug war. Bei jedem Zweifelanfall las er ihr alles vor. Teilweise sogar mehrmals am Tag! Irgendwann hatte ich die Liste so oft gehört, dass ich sogar davon träumte. Wahrscheinlich, dachte ich, würde ich sie selbst auf dem Sterbebett noch runterrattern können ...

Ihr wollt ein Beispiel? Klar, kein Problem.

Stillen ist das Beste. Das ganze künstliche Zeug ist ja voller Chemie.

Still bloß nicht! Davon kriegst du ganz ausgeleierte Brüste.

In der Muttermilch sind total viele Giftstoffe. Weil die Nahrung verseucht ist. Sogar im Obst und Gemüse sind Pestizide Und das geht in die Muttermilch über.

Du musst Muttermilch und Flaschennahrung mischen. Dann wird er nicht so wählerisch beim Essen.

Bloß nicht mischen. Davon kriegen sie Allergien.

Noch Fragen?

Wahrscheinlich war es besser, dass es keine Besucher mehr gab, als unser Kleiner den ersten Brei bekam.

Manchmal denke ich, er hat die ganzen Besserwisser absichtlich in die Flucht geheult. Aber dann erinnere ich mich daran, dass er das auch fast bei seinen Eltern geschafft hätte ...

Was mich bis heute wundert: Sie waren ständig auf der Suche nach einer Erklärung für das untröstliche Weinen. Als ob das etwas geändert hätte. Na, jedenfalls gab es auch dazu ganz tolle Aussagen.

Unser Krümel war ja im Spätwinter auf die Welt gekommen und schrie dann den ganzen Frühling lang untröstlich. Typisch Frühgeborene hieß es. Und dass sich das geben würde.

Als er mit drei Monaten noch ausdauernder brüllte, bekamen wir zu hören: Das sind nur die Koliken. Die gehen vorbei.

Danach sollten es wahlweise Anpassungsschwierigkeiten, Wetterumschwünge, die ersten Zähnchen, Wachstumsschmerzen, versteckte Wasseradern, ungünstige Planentenkonstellationen oder schlechte Schwingungen im Erdmantel sein. Jeder wusste einen Grund und ein Gegenmittel. Allerdings nur theoretisch. Praktisch kam außer einem alten, runzeligen Männchen mit einem seltsamen Stock niemand vorbei, um dem Gebrüll ein Ende zu setzen. Unverständliches murmelnd taperte er durchs ganze Haus, den Blick starr nach unten gerichtet. Dann und wann kratzte er mit der Fußspitze über den Boden, nur um gleich darauf kopfschüttelnd weiterzuwandern. Sarah folgte ihm voller Ernst und noch mehr Hoffnung. Im Gegensatz zu mir. Mich erinnerte er viel zu sehr an einen Hund, der nicht weiß, wo er seinen Knochen vergraben soll.

Am Ende verkündete er mit der Theatralik eines Fernsehpredigers, dass das ganze Haus abgerissen werden müsse. Es sei denn, er und seine Frau würden umfangreiche Sanierungsarbeiten durchführen. Natürlich sei das sehr zeitaufwendig und nicht ganz billig. Aber die Gesundheit des einzigen Sohnes sollte es schon wert sein. An dieser Stelle kam Mike dazu und warf das Männchen kurzerhand zur Tür hinaus. Den Stock trug ich ihm hinterher und ließ ihn auf seine Fortpflanzungsorgane fallen. Mit Absicht versteht sich.

Leider hielt dieser kurze Moment der Einigkeit nicht lange an. Etwa zur Zeit der Herbststürme begann ich mir ernsthaft Sorgen zu machen.

Sarah fragte schon lange nicht mehr, wie Mikes Tag gewesen war oder wie es ihm ging. Kaum kam er zur Tür herein, überfiel sie ihn mit Aufgaben, Anschuldigungen und ihrem Gejammer. An seiner Stelle hätte ich auf der Kralle kehrt gemacht! Andererseits – um kleine Kätzchen zu machen, braucht man zwei. Das ist bei Menschen nicht anders. Wer gemeinsam jagt, muss auch die Beute teilen.

Und da war bei Mike nicht viel los. Er wusste noch nicht einmal, dass Feuchttücher erst warm gemacht werden mussten, wo bei einer Windel vorne und wo hinten war oder welche Salbe an welche Körperstelle zu tupfen war. Verdammt, das wusste sogar ich! Das war nun wirklich keine Hexerei. Ich verstand Sarah, wenn sie Mike anbrüllte, dass er sich wohl absichtlich blöd stelle. Und dass jeder Depp mit Augen im Kopf wüsste, dass eine Analsalbe nicht ins Gesicht gehört.

Trotzdem hätte ich ihr gern den Mund zugehalten. Wenigstens ab und an. Denn Mike nahm den Fehdehandschuh jedes Mal bereitwillig auf. Dann gab es wieder Streit. Dabei ging es immer dasselbe. Ehrlich, wäre einem die Luft ausgegangen, ich hätte jederzeit einspringen können.

Im Grunde ging es nur um die Fragen, wer das größere Opfer für die Familie brachte, wer mehr leisten musste und wessen Schuld es war, dass Krümel so viel weinte.

Als ob eine Antwort darauf etwas genützt hätte. Manchmal wäre es wirklich besser, Menschen könnten nur miauen. Oder meinetwegen bellen. Das tut zwar in den Ohren weh, aber es würde den Zweck erfüllen. Statt zu reden müssten sie dann nämlich handeln. Überhaupt kommt das Tun viel zu kurz. Ich meine, was nützen die blumigsten Liebesschwüre, wenn sie im Alltag nicht liebevoll miteinander umgehen? Sich nie gegenseitig putzen oder einander die besten Bissen zuschieben?

Einen feuchten Katzenpups nutzen sie.

Aber auf mich hörte ja niemand. Also rollte ich mich einmal mehr neben Krümel zusammen, leckte den Sabber von der Backe und schnurrte unser Wiegenlied, als er unruhig wurde.

Wir zwei halten zusammen, versprochen mein Kleiner.

Als der erste Schnee fiel, war erholsamer Schlaf zu einer fernen Erinnerung geworden. Genauso wie lachende, liebevolle Menschen. Sogar mein ehemals so geliebtes Essen kam viel zu kurz. Gab es doch mal was, waren wir meistens viel zu müde, um es in den Mund zu befördern, zu kauen und zu schlucken.

Einmal sah ich auf und glaubte tatsächlich, das Spiel wäre Wirklichkeit geworden. Mir gegenüber saß ein Zombie. Langsamer als eine Nacktschnecke tauchte der Gedanke auf, dass ich wegrennen müsste. Obwohl, ich sann weiter darüber nach, getötet zu werden wäre unter diesen Umständen eigentlich kein Fehler. Daher – und auch weil ich keine Pfote rühren konnte – blieb ich sitzen und sah den Zombie einfach nur an.

Seltsamerweise machte dieser keine Anstalten, mich zu fressen.

Ich weiß nicht, wie lange es dauerte, bis mir dämmerte, dass es Sarah war, die mir gegenüber saß. Die echte Sarah. Kein Zombie. Auch wenn sie furchtbar stank.

Am selben Abend kam ich am bodentiefen Spiegel im Gang vorbei.

Falls ihr euch das jemals gefragt habt: Ja, es gibt auch Zombiekatzen. Und nein, selbst eingefleischte Katzenliebhaber wollen so eine lieber tot als lebendig vor sich sehen.

Zum Glück gab es einen großen Unterschied zum Spiel. Meine Zombies wollten kein Fleisch, sondern Kaffee. Den aber in rauen Mengen. Mikes Kaffeebecher war größer als mein Wassernapf – und in dem hätte eine Ente baden können. Half ihm allerdings nicht viel. An manchen Tagen war er so neben der Pfote, dass er den Rasierschaum in die Tasse schüttete und sich die Milch ins Gesicht klatschte. Ich glaube, er hat es noch nicht einmal gemerkt. Auch Sarah nicht. Lag wahrscheinlich daran, dass sich die beiden kaum noch ansahen.

An einem strahlend schönen Wintertag überfuhr Mike ein Schaf. Ein schwarzes mit unfassbar langen Ohren. Woher ich das weiß?

Es starb auf unserem Küchentisch, während ein hysterisch kichernder Mike danebenstand.

Mit Sarahs Stimme hätte man allerdings eine Ratte in Scheiben schneiden können und augenblicklich verschwand sein seltsames Lachen.

„Du meckerst doch immer, dass ich nie was zu essen mitbringe."

„Und was soll ich bitte schön mit einem ganzen Schaf? Soll ich es mit den Zähnen auseinanderreißen? Seit Wochen will ich, dass du die Messer schärfst. Aber das passiert wahrscheinlich erst, wenn ich es selber mache. Wie alles."

Fassungslos sah ich von einem zum anderen. Was das jetzt ihr Ernst?

„Ja klar. Und wer schafft das Geld heran, das du mit vollen Händen ausgibst?"

„Was soll das schon wieder heißen?"

„Ich habe die Bankauszüge überprüft. Wie zum Teufel kann man 130€ auf einmal im Drogeriemarkt ausgeben?"

„Die Windeln für DEINEN Sohn waren auf Aktion."

„Und deswegen musstest du genug bis zu seiner Einschulung kaufen?!"

„Weißt du eigentlich, wie oft ich ihn jeden Tag wickeln muss? Nein, weißt du nicht. Du lässt ihn ja lieber stundenlang in seiner eigenen Scheiße sitzen."

„Wie oft willst du mir das noch vorhalten? Ich hatte Schnupfen. Ich hab's einfach nicht gerochen."

„Und einfach mal nachschauen ist ja viel zu viel verlangt!"

Platsch.

Der erste Tropfen fiel auf die hellen Fliesen.

„Um was soll ich mich denn noch alles kümmern? Ich reiß mir doch eh schon den Arsch für euch auf."

„Ach, und ich tu nichts? Wie stellst du dir das vor? Glaubst du, ich sitze den ganzen Tag am Sofa und drehe Däumchen?"

Tropf-Tropf.

„Na putzen tust du jedenfalls nicht. Hier sieht's aus wie Sau."

„Du könntest ja auch mal den Staubsauger nehmen, wenn es dich so stört."

„Na super. Und schon sind wir wieder beim Punkt:

Was soll ich denn noch alles machen."

„Warum soll ich es machen, wenn es dich stört?"

Tropf-Tropf-Platsch.

„Willst du etwa, dass unser Sohn auf einer Müllhalde groß wird? Ja fein, dann brauchen wir ihm ja kein Spielzeug mehr zu kaufen. Bei unsrem Boden findet er immer genug Zeug zum Stapeln und Sortieren. Wenn du jetzt noch Essen dazwischen verteilst, brauchst du dich ums Füttern auch nicht mehr zu kümmern."

Mittlerweile tropfte das Blut nicht mehr vom Tisch, sondern floss in einem kleinen Rinnsal herab und rann munter weiter Richtung Küchenblock. Dummerweise hatte dieser einen Spalt und ich wusste aus Erfahrung, was da einmal reinrutschte, bekam man nie wieder raus. Es hatte fast den ganzen Winter gedauert, bis die Maus nicht mehr stank.

Da ich außerdem gelernt hatte, dass ein einfaches Miau nicht reichte, um die beiden Streithähne zu trennen, fuhr ich gleich die harten Geschütze auf und die Krallen aus.

Beim gemeinschaftlichen Putzen stellte Sarah endlich die Frage, die mir schon die ganze Zeit über unter den Barthaaren gebrannt hatte:

„Wo hast du das Schaf eigentlich her?"

„Hab´s überfahren."

„Aha."

Dann schwiegen sie wieder.

Herrgott noch mal! Am liebsten hätte ich jemanden in den Hintern gebissen. Schafe standen für gewöhnlich nicht mitten auf der Straße und warteten darauf, überfahren zu werden.

„Warum?"

Die Frage hörte sich sogar für mich seltsam an, doch zu meiner Verwunderung gab Mike sogar eine vernünftige Antwort.

„Ich hatte die Wahl. Entweder gegen den Baum fahren oder über das Schaf."

„Wie groß war der Baum?"

Ich spürte, wie sich Mike verspannte.

„Willst du andeuten, ich hätte besser den verdammten Baum rammen sollen?"

„Wenn es ein großer war, hätte er es bestimmt überlebt. Im Gegensatz zu dem armen Ding hier."

Mike biss die Zähne so fest zusammen, dass ich das Knirschen hörte.

„Aber vielleicht hätte ich das nicht überlebt. Hm? Schon mal daran gedacht."

„Ne."

„Was ne?"

„Daran hab ich nicht gedacht."

„Ja klar. Weil du ja überhaupt nie mehr an mich denkst."

Er pfefferte das Putztuch in die Ecke.

„Weißt du was, mach den Scheiß doch allein."

Sarah zuckte zusammen, als die Haustür mit einem lauten Wums ins Schloss fiel. Dann schrubbte sie weiter. Ihre Schultern zuckten. Dann fielen Tränen auf den Boden.

„Und wann hast du mich das letzte Mal angesehen?"

Sie zog die Beine an und schlang die Arme herum. Das Tuch färbte ihre helle Hose rot.

Leise mauzend setzte ich mich an ihre Seite, rieb meinen Kopf an ihrem Knie. Schließlich begann ich das Blut aufzulecken. Man musste so was Gutes ja nicht verkommen lassen, nur weil die Welt in die Brüche geht. Sie dreht sich nämlich trotzdem weiter. Krümel schien dasselbe zu denken, denn er begann zu schreien.

Von da an kam Mike unter der Woche nie mehr nach Hause, sondern übernachtete bei einem Arbeitskollegen. Auch am Wochenende gingen sich die beiden aus dem Weg. Während sich einer um das weinende Kind kümmerte, verließ der andere fluchtartig den Kriegsschauplatz. Angeblich um einen freien Kopf zu bekommen.

Streiten ist blöd. Aber das, was sie jetzt machten, war auch nicht gerade hilfreich. Natürlich spürte unser Kleiner, dass hier ganz viel nicht stimmte und tat das einzige, was er konnte: Er brüllte um Hilfe.

Zumindest denke ich, dass es das war. Kleine Kätzchen brauchen ihre Mutter und ihre Mutter braucht jemanden, der sie beschützt und mit genügend Essen versorgt. Bei uns muss das nicht zwingend der Vater sein, irgendeine andere Katze genügt auch. Aber für ein gutes, sicheres Aufwachsen sind zwei besser als einer. Vielleicht wollte Krümel seinem Papa damit sagen, dass es ihm und seiner Mama schlecht ging. Dass sie ihn brauchten. Vielleicht hatte der Kleine sowas wie Todesangst. Immerhin war auch Sarah am Ende ihrer Kräfte. Wenn sie nicht gerade dumpf vor sich hinstarrte, brüllte sie oder weinte. Gelegentlich warf sie etwas gegen die nächste Wand oder aus dem Fenster.

Dabei murmelte sie: „Ich halte das nicht mehr aus. Ich kann nicht mehr."

Wieder und wieder. Nur diese Worte.

Eines Nachts lag ich neben Krümel in der Wiege und versuchte vergebens, ihn abzulenken. Das Gesichtchen verzog sich bereits bedenklich. Sanft wischte ich mit meinem Schwanz darüber. Manchmal brachte ihn das zum Lachen. Dann versuchte er ihn mit den Händchen zu fangen. Hatte er ihn, giggelte und gluckste er vor Zufriedenheit.

Aber heute wollte es einfach nicht klappen.

Mit zunehmend hektischeren Strampelbewegungen kämpfte er gegen irgendetwas an. Ich drückte meine Pfote gegen seine Lippen.

Bitte nicht schreien.

Sarah war schon den ganzen Abend nicht sie selbst gewesen. Ehrlich gesagt, hatte sie mir sogar ein wenig Angst eingeflößt. Ich gab immer mein Bestes, aber heute wollte, nein musste ich es unbedingt schaffen, dass sie ein wenig schlafen konnte.

Natürlich schaffte ich es nicht. Was soll ein Kater gegen Hunger, Durst, Bauchkrämpfe und Ich-will-zu-meiner-Mama-Sehnsucht machen?

Eben.

Es dauerte eine ganze Weile, bis Sarah endlich an unserem Bettchen stand. Sie musste sehr tief geschlafen haben. So richtig wach sah sie noch immer nicht aus. Das erklärte bestimmt, warum sie keine Milchflasche, sondern ein großes, dickes Kissen dabei hatte.

Ich mauzte, um sie auf den Fehler aufmerksam zu machen, doch statt umzudrehen, packte sie mich am Genick und warf mich einfach Richtung Tür. Ich überschlug mich mehrfach, ehe ich mit den Pfoten genügend Halt fand, um zu bremsen. Donnerwetter, so viel Kraft hatte ich ihr gar nicht zugetraut. Kopfschüttelnd trabte ich zurück. Wenigstens hatte Krümel aufgehört zu weinen. Ganz still war es und ich sah zufrieden, wie sich Sarah tief über die Wiege beugte. Schön, dann würde ich den beiden ein bisschen Kuschelzeit zu zweit gönnen und mich einrollen. Vorzugsweise auf dem Kissen.

Bloß wo war es? Suchend sah ich mich im ganzen Zimmer um. Es konnte sich doch nicht in Luft aufgelöst haben.

Seltsam.

Ich knuffte mit dem Kopf gegen Sarahs Bein und bekam einen harten Tritt gegen die Seite. Aufjaulend brachte ich mich hinter der Wiege in Sicherheit. Was bildete sich diese Verrückte eigentlich ein? Schlafmangel hin oder her, irgendwann war auch meine Geduld zu Ende. Ich überlegte noch, ob und wie ich mich revanchieren würde, da begann Sarah zu singen. Ein Wiegenlied. Obwohl es wunderschön war, lief mir ein Schauer über den Rücken. Ihre Stimme klang so anders. Nicht nach Sarah.

So schnell ich konnte, angelte ich am bodenlangen Himmel nach oben und lugte zwischen zwei Bahnen hindurch. Was ich sah, überstieg meinen Verstand.

Sarah drückte das Kissen auf Krümel!

Mit einem Urschrei stürzte ich mich auf sie, zerfetzte Arme, Hände und jedes bisschen Haut, das ich erwischen konnte. Viel zu lange schien sie mich nicht einmal zu bemerken. Erst als Blut auf das Kissen tropfte, richtete sie sich ruckartig auf. Sofort stellte ich mich auf die Hinterpfoten, Vorderpfoten kampfbereit erhoben, Zähne gefletscht. Dieses Mal würde sie mich nicht zu packen kriegen.

Doch sie versuchte es auch gar nicht.

Sie sah aus, als würde sie ein Gespenst sehen. Mit riesigen, angstgeweiteten Augen stolperte sie rückwärts, bis sie gegen die Wickelkommode stieß. Mit einem Poltern fiel die Waschschüssel zu Boden. Der Lärm schien sie aus ihrer Trance zu wecken. Sie schrie auf. Dann fuhr sie herum und stolperte aus dem Zimmer, die Hände vors Gesicht geschlagen, und eine Blutspur hinter sich herziehend.

Ihr fragt euch bestimmt, wie ich es geschafft habe, das riesige Kissen aus der Wiege zu werfen. Aber ich kann es euch beim besten Willen nicht sagen.

Die folgenden Minuten – oder Stunden? – fehlen meinem Gedächtnis.

Irgendwann polterte Mike ins Zimmer, riss den Kleinen hoch und presste ihn so fest an sich, dass ich Angst bekam, auch er wolle ihn umbringen. Ich wollte schon losspringen, aber da sah ich seinen Gesichtsausdruck.

Er weinte.

Und stammelte wirres Zeug wie „Vergib mir", „Ab jetzt ist Papa da", „Papa passt auf dich auf."

Reichlich spät, mein Guter.

Etwas später saß Mike am Küchentisch, Krümel auf dem Schoß, und versuchte ihn mit Milchbrei zu füttern. Alles, was daneben ging, leckte ich auf. Ja, ich hockte auch auf dem Tisch. Das hatte es bei Sarah nie gegeben.

Es war wundervoll und genau das Richtige nach dem Horror der letzten Nacht. Abgesehen davon konnte ich mich gar nicht erinnern, wann ich mich das letzte Mal wirklich satt gefressen hatte.

Nach dem Festmahl streichelte Mike abwechselt Krümel über die Haare oder mir übers Fell. Es wäre perfekt gewesen, hätte er nicht wieder angefangen zu weinen.

Um es kurz zu machen:

Mike zog wieder zuhause ein – und Sarah mit Krümel aus. Mike und ich standen gemeinsam am Fenster und sahen dem Krankenwagen nach, der das Wichtigste in unserem Leben einfach so mitnehmen durfte. Empört stemmte ich die Pfoten gegen das Glas und fauchte, so laut ich konnte. Die sollten ruhig hören, was ich davon hielt.

Die ersten Tage tigerte ich voller Unruhe durchs Haus. Hatte ständig Schreckensszenarien vor Augen, was mit Krümel sein könnte. War Mike daheim, strich ich ständig laut mauzend um seine Beine und ließ ihm keine ruhige Minute.

Irgendwann wurde es ihm wohl zu bunt – und er brachte mich zum Tierarzt. Dieser Verräter. Bitterböse funkelte ich zwischen den Gitterstäben heraus. Dem Folterknecht verpasste ich einen vollständigen Abdruck meines Gebisses und acht parallele Linien quer über den Bauch.

Dann zwickte mich etwas in den Po und alles wurde schwarz.

Im Nachhinein betrachtet, war es das einzig Richtige. Jetzt musste ich mich ausruhen. Zwangsweise.

Die folgende Zeit verbrachte ich einer Art Dauerschlaf. Normalerweise heißt es ja, wir Katzen schlafen rund zwanzig Stunden pro Tag. Ich glaube, bei mir waren es mindestens dreiundzwanzigkommaneun. Aber immer, wenn ich wach wurde, stand neben meinem Platz Wasser und eine Creme, die besser schmeckte als alles, was ich je zuvor gegessen hatte. Trotzdem fielen mir die Augen meistens schon wieder zu, noch bevor ich mit dieser Köstlichkeit fertig war. Einmal schlief ich sogar mit der Schnauze in der Creme ein. Ich weiß noch, dass ich dachte, wenn ich jetzt ersticke, dann sterbe ich wenigstens mit vollem Bauch.

Nun ja. Gestorben bin ich nicht. Im Gegenteil. Die Kur des Arztes wirkte ein kleines Wunder und als ich wieder sicher auf meinen vier Pfoten stand, durfte mich Mike heimholen.

Ihr könnt euch nicht vorstellen, wie groß meine Enttäuschung war, als wir das leere Haus betraten. Fragend sah ich zu Mike hoch.

„Alles gut, Linus. Krümel und Sarah geht es gut."

Dann ging er neben mir in die Hocke und hielt mir sein Händi unter die Nase.

„Guck mal."

Er deutete auf ein Bild.

„Sarah und Krümel sind noch auf Kur. Aber es geht ihnen schon viel besser. Da."

Er wischte mit dem Finger über das Händi.

„Schau. Da sind sie beim Babyschwimmen. Und hier..."

Er wischte wieder.

„Hier sind sie beim Essen."

Staunend betrachtete ich die Bilder. Es war mir unerklärlich, aber da, in diesem winzigen Ding, schienen Sarah und mein Krümel drin zu sein. Ich tappte mit der Pfote nach ihnen. Dann sah ich wieder zu Mike hoch und mauzte. Was nützten mir die beiden da drin? Ich wollte sie hier bei mir haben!

Wie so oft, verstand auch Mike dieses Mal, was ich sagen wollte.

„Kein Sorge, mein Guter. Sie kommen wieder. Sobald Sarah ganz gesund ist und Krümel genug wiegt, dürfen sie zurück zu uns. Aber bis dahin haben wir beide eine Menge zu tun."

Damit steckte er das Händi in die Hosentasche und hob mich hoch. Normalerweise lasse ich mich nicht besonders gerne tragen, aber ich war gewillt eine Ausnahme zu machen.

Mike schleppte mich durchs ganze Haus und erläuterte, was er alles ändern wollte. Anscheinend waren die vielen Bilder und Farben einfach zu viel für Krümel gewesen. Ich staunte nicht schlecht, als ich das neu gestaltete Kinderzimmer sah. Die Wiege und die ganzen anderen Möbel waren verschwunden. Genauso die Spielsachen. Alles lag in einem wunderbaren Halbdunkel und ein sanftes orange-rotes Licht leuchtete eine große Liegefläche an.

„Jetzt können wir alle gemeinsam hier schlafen. Krümel zwischen uns. Dann hat er Geborgenheit, Wärme und eine natürliche Begrenzung. Laut den Ärzten hat ihm das gefehlt. Sie sagen, er braucht immer etwas, an dem er sich spürt. Damit er weiß, wo er anfängt und wo er aufhört. Du müsstest das am ehesten verstehen. Du quetschst dich ja auch in jede Schachtel und schläfst. Egal, wie viel von dir drüber hängt."

Bah, der Karton, in den ich nicht hineinpasse, muss erst gefaltet werden.

„Außerdem hilft es ihm anscheinend, wenn er uns atmen hört. Und das Wichtigste: er muss nicht mehr brüllen, bis jemand kommt. Und Sarah muss nicht mehr aufspringen und herrennen. Natürlich", er kraulte meinen Kopf, „hast du hier auch Platz. Ganz egal, was die Ärzte sagen."

Ich schmiegte mich in seinen Arm. Auch wenn ich nicht alles verstanden hatte, war ich vollkommen zufrieden. Bald würden alle meine Menschen mit mir hier schlafen.

Ganz so entspannt, wie ich es mir ausgemalt hatte, wurde es natürlich nicht. Doch von da an hielten wir wenigstens alle zusammen. Klar flogen trotzdem noch die Fetzen und mehr als einmal sauste eine fliegende Untertasse an mir vorbei. Aber abgesehen von der fetten Spinne starben keine weiteren Tiere auf unserem Esstisch.

Als Krümel seine Zähne bekam, legte sich Mike Ohrstöpsel und einen Weinkeller zu. Sarah aß praktisch nur noch Schokolade. Und ich durfte die ersten Runden im Garten drehen. So hatte jeder etwas, das ihn ablenkte und entspannte.

Als alle zwanzig Beißerchen durch waren, hatte ich nur noch eineinhalb Ohren, Mike Mengenrabatt beim Händler und Sarah nichts mehr zum Anziehen.

Die Jahreszeiten wechselten, Krümel wuchs und das Leben brachte uns beiden ständig neue Abenteuer.

Während er das ganze Haus erforschte, Klorollen abwickelte, Kästen ausräumte und Zielpinkeln übte, dehnte ich meine Wanderungen auf die gesamte Nachbarschaft aus. Etwa zu der Zeit, als er anfing, eine Art kleines Katzenklo ohne Streu zu benutzen, zog nebenan eine bildhübsche junge Katzendame ein. Sie bescherte mir jede Menge Löcher im Pelz, einen Knick im Schwanz und zwei Tierarztbesuche. Danach hatte ich die Fellnase voll. Sollten sich die anderen ohne mich prügeln. Lieber dehnte ich meine Wanderungen Richtung Wald aus und lieferte mir Wettrennen mit einem Fuchs. Wie sagen die Menschen so schön? No risk, no fann. Es war ein unbeschreibliches Gefühl, wenn ich regelrecht über den federnden Boden flog und im letzten Moment einen Baum hochjagte. Von einer bequemen Astgabel aus konnte ich verfolgen, wie sich jedes Rotfell abmühte, ebenfalls hochzuklettern. Aber besonders weit kam keiner von ihnen. So blieb ich dann gerade außer Reichweite sitzen und ließ den Schwanz verführerisch baumeln.

Einmal hatte ich allerdings ein besonders hartnäckiges Exemplar erwischt. Das wäre mir beinahe zum Verhängnis geworden, denn bei Einbruch der Dunkelheit saß ich noch immer auf meiner Eiche fest. Wenn ein Uhu auf mich aufmerksam würde, hätte ich schlechte Flöhe, so viel stand fest. Der verflixte Fuchs bemerkte meine Unruhe natürlich und dachte wahrscheinlich, ich würde bald vor Müdigkeit vom Ast kippen. Aufregt schwänzelte er um den Baum herum und sah immer wieder erwartungsvoll geifernd zu mir hoch.

Nicht zum ersten Mal nahm ich mir vor, mehr Zeit zuhause zu verbringen. Aber welcher Kater kann schon auf Dauer dem Ruf der Wildnis widerstehen? Egal, wie lange wir schon mit den Menschen Teppich und Kühlschrank teilen, tief in uns drin schlummert ein Raubtier. Sich anpirschen, der Beute auflauern, springen, packen, reißen. Danach auf dem sonnenwarmen Boden wälzen, während der Wind die wunderbarsten Düfte vorbeiträgt. So muss ein wahres Katzenleben sein! Zumindest solange es einen Platz gibt, wo wir jederzeit willkommen sind, wo es Hände gibt, die uns an den richtigen Stellen streicheln und uns, wenn es sein muss, auch zum

Tierarzt bringen. Als reine Wildkatze stirbt man sehr früh an völlig überflüssigen Krankheiten.

In jener Nacht hatte ich mehr Glück als Verstand. Uhu kam keiner vorbei. Dafür ein völlig größenwahnsinniges Käuzchen. Ich wäre vor Lachen fast vom Ast gefallen, als das kleine Flatterding an meinem Schwanz zerrte. Vielleicht hatte es in seinem Eifer gar nicht bemerkt, dass am anderen Ende noch etwas dran hing.

Als ich am Morgen heimkam, hüpfte mir ein völlig aufgedrehter Krümel entgegen. Im Gegensatz zu mir schien er genug Schlaf bekommen zu haben. Oder Kakao mit zwei Löffel Zucker.

„Max gehen Kindergarten mit Mama."

Wie ein Brummkreisel wirbelte er um mich herum, wobei er gefährlich tief eine Tasche schwenkte.

„Max großer Junge jetzt."

Unsicher, was davon zu halten war, sah ich zur Tür. Dort standen Sarah und Mike – und weinten! Ach du angekotztes Katzenstreu! Was war denn hier los? Was war ein Kindergarten? Es klang harmlos, aber das galt auch für Klos. Bis man kopfüber drinsteckte.

Und so wie die beiden Großen schniefen, verbarg sich hinter dem Wort Kindergarten Grauenvolles. Augenblicklich fiel sämtliche Müdigkeit von mir ab. Selbst nach drei Nächten auf einer Stechpalme hätte ich da mitgemusst!

Zwei Rauswürfe und etliche Schimpfwörter später saß ich neben Krümel auf der Rückbank.

„Aber gell, Linus, du bleibst dann im Auto."

Ich warf Mike meinen speziellen Bick zu. Wozu einen Mittelfinger? Ich kann das mit den Augen! Dann noch ein Ohr leicht abgeflacht und halb nach hinten gedreht. Diese Botschaft war unmissverständlich.

Sarah kicherte, während sie den Inhalt ihrer Tasche in den Fußraum kippte.

„Was machst du denn da?"

Mike klang alarmiert.

„Du wirst doch nicht etwa ...?"

„Doch."

„Nein!"

Jetzt war es Sarah, die ihm einen speziellen Blick zuwarf. Dann drehte sie sich zu Krümel um.

„Mäxchen? Sollen wir Linus den Kindergarten zeigen?"

Begeistertes Indianergeheul übertönte jeden weiteren Protest.

Wie ihr euch sicher denken könnt, beließ ich es bei einem Besuch.

Aber diese – laute – Erfahrung brachte mich nicht davon ab, bei allen dubiosen Unternehmungen meinen Platz neben Krümel einzufordern. Mit der Zeit klappte das auch immer problemloser. Mike hatte resigniert und Sarah fotografiert. Ich bekam etwas, das sich Instagrämakaunt nennt. Anscheinend fanden es ziemlich viele Leute toll, dass ich immer und überall dabei war. Die hießen Volloer und schickten mir Geschenke. Spielzeug, Futter und sogar Kleidung! Zu ihrem Glück versuchte Sarah nur ein einziges Mal, mich in Stoff einzuwickeln. Die Fotos, wie ich den Kram zerfetzte, gefielen aber auch. Seltsam. Wenn ich jemandem eine Maus schenke und der zerflettert sie, statt sie zu fressen, war das garantiert das letzte Geschenk. Aber Menschen sind eben komisch. Einmal schickte uns eine Frau ein riesiges weißes Kleid mit der Bitte, es möglichst eindrucksvoll zu vernichten. Grundsätzlich kein Problem, aber es war so groß, dass eine schwangere Sarah sich mehrfach darin hätte einwickeln können. Vorsichtig trat ich darauf – und zuckte wieder zurück. Was war denn das? Ich schnupperte. Dann stupste ich es noch mal mit der Pfote an. Kratzte probeweise mit einer Kralle darüber. Hui – das Geräusch jagte wie ein leichter Stromschlag die Wirbelsäule hinunter. So etwas hatte ich noch nie gespürt. Außerdem glänzte und raschelte es auf eine unvergleichliche Art.

Um es kurz zu machen: Ich tobte mich so richtig aus!

Genauso wie Krümel. Nach dem Kindergarten bewaffnete er sich mit Schere und Farben. Was hatten wir für einen Spaß! Gut, die Badewanne danach fand ich weniger lustig, aber in diesem Fall sah ich sogar ein, dass ich da nur mit Zunge nicht weit kommen würde.

Ich glaube, Sarah wurde mit der Zeit richtig gut. Stolz wie ein Kätzchen auf seine ersten Jagderfolge präsentierte sie uns jedes Foto, für das sie etwas bekommen hatte. Auch im Haus hingen ihre Bilder. Am besten gefiel mir natürlich eines von mir und Krümel. Darauf schaukeln wir gerade hoch in die Luft. Mein Körper steckte sicherheitshalber in seinem Pulli und ich strecke den Kopf oben raus, presse ihn gegen Krümels Kinn. Der Wind pustet unsere Haare nach hinten. Beide kniffen wir die Augen zu und wenn ich daran denke, klingt mir noch immer sein Jubeln im Ohr.

Es war an einem dieser heißen Sommertage, an denen sogar ein vernünftiger Kater in Versuchung kommt, sich die Pfoten anzufeuchten. Sarah döste in der Hängematte, während Krümel und ich versuchten herauszufinden, wie tief die Wühlmaus über Nacht gegraben hatte. Alles, wirklich alles musste untersucht werden. Es gab kein Eckchen, das wir noch nicht erforscht hatten. Seit diesem Sommer gab es auch nach oben keine Grenzen mehr. Die letzte, der Kirschbaum, war endlich gefallen. Stolz thronten wir zwischen den Blättern, wo die saftigsten Leckerbissen auf uns gewartet hatten. Wie immer teilten wir brüderlich: Krümel futterte die Früchte und ich die Ohrwürmer. Beide machten beim Draufbeißen ein herrliches Platzgeräusch.

An der Sandkiste hatte mein Kleiner zum Glück nur noch selten Interesse. Das Graben machte ja noch Spaß, aber den Sand aus dem Pelz zu schütteln, verursachte mir jedes Mal eine Magenverstimmung. Einmal hatte ich mich vor lauter Verzweiflung sogar auf die Waschmaschine gesetzt. Das funktionierte auch gar nicht schlecht. Bis der Schleudergang begann. Ich sage nur, wenn Karma gewollt hätte, dass Katzen fliegen können, hätten wir Flügel bekommen.

Versonnen betrachtete ich meinen kleinen Menschen.

Gut, im Vergleich zu Kätzchen entwickelten sie sich in etwa so schnell wie eine Schnecke über den heißen Asphalt kroch, aber man konnte eben nicht alles haben. Zumindest musste man ein Kind nicht hergeben, sobald es halbwegs selbstständig aufs Klo konnte. Was übrigens in meinen Augen ein wesentlich wichtigerer Entwicklungsschritt war als dieser seltsame Schuleintritt, von dem momentan alle redeten.

Wenn sie es wenigstens beim Reden belassen hätten. Das allein hätte schon ausgereicht, um Krümel ganz kirre zu machen. Der Ernst des Lebens – also bitte.

Würde er dort sein Essen selbst jagen müssen? Bei Misserfolg hungern? Oder etwa gegen wilde Tiere kämpfen? Meines Wissens nach nicht.

Vor allem die Omas und Opas schwafelten die ganze Zeit davon, wie wichtig gute Noten seien. So ganz habe ich das nicht begriffen. Kann man Noten essen? Wird man von guten Noten größer oder schneller? Sind Noten also wie Gemüse? Und wenn ja, wieso gibt es die nur in der Schule? Schmecken sie vielleicht so schrecklich, dass man sie den Kindern wie eine Wurmpaste verabreichen muss?

Nein, ich durfte gar nicht darüber nachdenken. Sonst musste ich ernsthaft abnehmen, damit ich in diese Schultasche passte und zu Krümels Schutz mitkommen konnte.

Auch vor unserem Zimmer hatte dieser Schuleintritt nicht Halt gemacht. Alles war umgeräumt worden. Anscheinend brauchte er jetzt einen Tisch zum Schreiben. Warum er das nicht am Esstisch konnte, verstand ich zwar nicht, aber da sich alle so sehr freuten, versuchte ich das positiv zu sehen. Immerhin lag im rechten oberen Eck schon ein Kuschelkissen für mich bereit. Natürlich hätte ich auch auf dem blanken Holz gesessen, um Krümel nahe zu sein, aber so war es definitiv bequemer.

Jaja, ich hör schon auf. Ihr wollt wissen, was an diesem heißen Sommertag passiert ist? Na gut. Ich sag es euch.

Der Anfang vom Ende. Das ist passiert.

Unser Krümel kippte um.

Einfach so. Ohne Vorwarnung.

Gut, im Nachhinein fielen mir schon ein paar Dinge ein, die seltsam gewesen waren. Der Husten. Dass er schneller müde wurde, wenn wir mit dem Ball spielten. Dass er abends nicht mehr darum gebettelt hatte, noch ein bisschen länger fernsehen zu dürfen. Dass ihm in der Sonne schwindlig wurde.

Zuerst machte sich niemand Sorgen. Laut Arzt machte Krümel einen so genannten Wachstumsschub durch. Er gab ihm Vitamine mit und einen Lutscher, der auf der Zunge kitzelte. Beim ersten Mal wäre ich vor Schreck fast rückwärts vom Bett gekippt. Aber es hatte was! Wie wenn man in einen Ameisenhaufen tritt. Das kribbelt und kitzelt genauso.

Die Tage wurden wieder kürzer und Krümels Ausdauer auch. Bald wollte er nicht einmal mehr über die Wiese toben und Schmetterlinge jagen. Stattdessen lagen wir wie früher, als er noch ein Baby gewesen war, die meiste Zeit im Bett oder auf dem Sofa.

Der Arzt kam regelmäßig vorbei, brachte aber keine weiteren Lutscher mit. Dafür ließ er jede Menge Ratschläge da. Ihr wisst, was ich davon halte. Es hat schon Sinn, dass in Ratschläge das Wort Schläge drinsteckt.

Außerdem gab er Krümel Vitamine und winzige kleine Kügelchen, die nur nach Zucker schmeckten, aber angeblich heilen konnten. Zumindest behaupteten das Sarah und der Arzt. Blöderweise wusste das diese seltsame Krankheit nicht und blieb.

Als Krümel gar nicht mehr aufstehen wollte, wurde es Mike zu bunt und er tat, was ich nicht konnte: Als Sarah das nächste Mal beim Sport war, packte er Krümel ins Auto.

Als er spätabends ohne den Kleinen zurückkam, kochte Sarah. In doppelter Hinsicht. Sogar ihre Gesichtsfarbe glich dem Inhalt des Topfes und sie stand kurz vorm Überkochen. Sarah, nicht die Suppe.

„Nicht einmal dir kann ich noch vertrauen!", brüllte sie und fuchtelte mit der Suppenkelle herum. Aufmerksam verfolgte ich die Flugbahnen der Spritzer. Ich musste mir merken, wo sie landeten, denn heute würde vermutlich niemand an so etwas Banales wie das Abendessen des Katers denken.

„Jeder verrät mich. Sogar du fällst mir einfach so in den Rücken. Ohne Vorwarnung."

Mittlerweile heulte sie vor Wut. Die Spritzer flogen schneller.

„Ihr Männer seid doch alle die gleichen Scheißkerle. Ich dachte, du wärst anders.

Ah, ein paar waren unter dem Tisch – da konnte ich gleich anfangen zu putzen. Zeit hatte ich ja. Solange Sarah tobte, würde Mike nichts über Krümel sagen. Kartoffelkarottentomate war nicht gerade meine erste Wahl, aber in der Not frisst der Teufel Fliegen und die Katze Gemüsesuppe.

„Falls du dich noch erinnerst: Du hast mir geschworen, dass wir am selben Strang ziehen! In einer Kirche vor unseren Familien. Und jetzt nimmst du den Strick, um ihn mir um den Hals zu legen."

Ziemlich eindrucksvoll, aber da die guten Seile alle in der Garage hingen, sah ich noch nicht einmal auf, sondern schleckte weiter das winzige Wurststückchen über den Boden. Irgendwann musste es doch in meinem Maul landen!

Fast, ich hatte es fast geschafft, da zerbrach neben mir ein Suppenteller. Mit durchdrehenden Pfoten flüchtete ich aus dem Kriegsgebiet. Lieber lebendig und hungrig, als beim Tierarzt! Dort wusste man vorher nie, was auf einen zukam! Man ging auf seinen vier Pfoten hinein (zumindest theoretisch – praktisch muss man uns ja hineingeschleifen) und kam zerstochen, mit kahlrasierten Stellen und einer grauenvollen Wurmpaste im Magen wieder heraus. Im besten Fall!

Am nächsten Morgen herrschte eisige Stille. Jeder ging seiner Wege und niemand hielt es für nötig, dem Kater mitzuteilen, wann Krümel heimkommen würde. Also folgte ich ihnen auf Schritt auf Tritt, laut mauzend und war so lästig, wie ich nur konnte. Irgendwann gab die Maus Milch! Ich durfte nur nicht lockerlassen.

Es dauerte erwartungsgemäß nicht besonders lange, bis einer der Nerven verlor – in dem Fall Mike – und mich anbrüllte. Dann musste ich nur noch reglos sitzen bleiben, den Blick starr auf den Menschen gerichtet und sobald er Luft holte, machte ich diese lächerliche Bitte-Bitte-Bewegung mit den Vorderpfoten. Die hatte ich mir von einem Hundebesuch abgeguckt, weil sie wirklich gut funktionierte.

So auch dieses Mal.

Mike kniete sich neben mich auf den Boden, kraulte mich unterm Kinn und dachte nach.

„Was willst du mir sagen, Linus? ... Du hattest Fressen, das Wasser ist frisch und raus kannst du auch ... Ach – willst du vielleicht wissen, wo unser Mäxchen ist?"

Ich schnurrte.

„Ach Linus. Du und dein Krümel, mhm? Ihr seid schon ein tolles Team."

Jetzt rück schon raus mit der Sprache!

„Du wirst noch eine Weile Geduld haben müssen, mein Freund. Mäxchen ist im Krankenhaus."

Aufmerksam verfolgte ich, wie Sarah ein Kästchen nach dem anderen durchstrich. Das hatte sie angefangen, um Krümel auf den Schulbeginn einzustimmen. Es sollte für meinen Kleinen wiesuel erfassbar sein. Was auch immer das heißen mochte. Das Papierding war jedenfalls viel zu weit oben an der Wand, als dass er es wirklich hätte anfassen können. Aber vielleicht hieß dieses wiesuel ja auch, dass er es nicht anfassen durfte?

Egal.

Ich hatte zumindest so viel verstanden, dass die Menschen damit das Vergehen der Zeit messen konnten. Ein seltsamer Gedanke. Warum sollte man das wollen? Und wozu? Es änderte sich doch nichts dadurch. Die Sonne wanderte weder langsamer noch schneller über den Himmel, nur weil Sarah diese Striche malte. Aber Menschen waren eben seltsam. Und wie es aussah, wurde ich genauso schrullig. Immerhin saß ich jedes Mal dabei und verfolgte den Stift. Danach mauzte ich auffordernd und schlug mit der Tatze gegen die Hosentasche, in der das Bimmelding steckte. Manchmal hatte ich Glück und sie rief tatsächlich Krümel an. Wenn ich mich anstrengte, konnte ich seine Stimme ebenfalls hören.

Oft saßen Sarah und Mike bis spät in die Nacht im Wohnzimmer. Bergeweise Bücher und zwei Bezees vor sich. Gemeinsam schrieben sie ganz viel Papier voll oder klopften auf die Klappertasten. Sie hatten sich sogar einen Drucker angeschafft.

Ach du liebes Schnurrhaar – mich hätte beim ersten Mal fast der Schlag getroffen, als das Ding zu rattern anfing. So schnell sollte ein Kater meines Alters wirklich nicht mehr die Treppe hochhetzen.

Abgesehen davon fand ich diese Abende ganz entspannt. Ich lag quer über den Büchern und genoss die Wärme der Lampe über mir. Wenn das langweilig wurde, gab es zwei tanzende Stifte, nach denen ich angeln konnte. Manchmal knüllte mir einer der beiden auch ein Papier zusammen und ich jagte den Ball durchs Zimmer. Wurde ich müde, rollte ich mich auf einem Schoß zusammen.

Natürlich bemerkte ich die Spannung, die in der Luft lag, wäre aber nie auf die Idee gekommen, dass das mit Krümel zusammenhängen könnte.

Das änderte sich erst, als Mike mit Krümels Patentante telefonierte. Eigentlich war ich auf dem Weg zum Katzenklo gewesen, aber das Gehörte verschlug mir die Verdauung.

„Nein, Krümel kann wirklich nicht eingeschult werden. Wir haben heute erfahren, dass er verlegt wird. In ein Kinderkrankenhaus."

...

„Ja, schon. Knapp zwei Stunden von hier."

...

„Wir wechseln uns ab. Jeden Tag werden wir nicht schaffen. Aber Krümel ist ein großer Junge. Und so tapfer."

...

„Das ist lieb von dir. Klar kannst du das Paket auf die Station schicken."

...

„Was? Nein, lieber keinen neuen Skianzug."

...

„Wir wissen doch gar nicht, was er hat. Und er ist so schwach. Ich schätze, der Skiurlaub fällt aus."

Mike zog die Nase hoch und fuhr sich durch die Haare. Das tat er immer, wenn er um Fassung rang.

„Wir wissen es wirklich nicht. Aber wir hoffen das Beste. Die Ärzte dort sind auf Kinder spezialisiert."

...

„Natürlich kannst du beten. Hilft's nicht, schadet's nicht."

...

„Ok, gut. Ich melde mich, sobald ich was weiß."

Dann legte er auf und ließ sich aufs Sofa fallen. Vergrub das Gesicht in den Händen.

Verdammte Katzenkacke, das sah nicht gut aus.

Die Bäume waren bereits kahl, als Krümel nach Hause kam. Mike trug ihn herein und bettete ihn so vorsichtig aufs Sofa, als wäre er aus Glas. Von meinem Platz aus konnte ich beobachten, wie Mike die Decke glättete, meinem Kleinen die zotteligen Haare aus dem Gesicht strich und ihn auf die Stirn küsste.

„Willkommen zuhause, mein Held."

Als er sich aufrichten wollte, schlang Krümel die dünnen Ärmchen um seinen Hals.

„Bring mich nie wieder ins Krankenhaus, Papa. Versprich es mir! Ich will nie mehr zurück!"

Lautlose Schluchzer schüttelten meinen Krümel durch.

„Ach, Liebling ...“
Mikes Stimme brach.
Oh nein. Jetzt wird nicht auf der Trübsaltrompete geblasen. Energisch drängelte ich mich zwischen die beiden.

Krümel blieb nur drei Nächte zuhause.
Dann stieg das Fieber wieder.

Als er das nächste Mal heim kam, sah er schwerkrank aus und klang auch so. Obwohl er nur flüsterte, musste er ständig husten. Manchmal rasselte etwas so laut in seiner Brust, dass mir himmelangst wurde. Meistens hörte es rechtzeitig wieder auf, aber manchmal musste Sarah laufen und eine Spritze holen. Aus Aberglaube verwahrte sie die im oberen Badezimmer auf. Sie dachte ernsthaft, Medizin, die in Griffweite lag, würde öfter gebraucht werden.

Keine Ahnung, ob das stimmt. Aber jedes Mal, wenn ich zusehen musste, wie Krümel Todesangst litt, hasste ich sie dafür.

Nein, das ist keine Übertreibung. Ich bin ein Kater. Ich kann Angst riechen. Und ich weiß, wie eine Maus riecht, die weiß, dass sie sterben wird.

Draußen wurde es kälter, die Menschen drehten die Heizungen weiter auf, Krümels Husten nahm zu. Niemand von uns schlief viel und wenn ich an stressbedingtem Haarausfall leiden würde, wäre ich spätestens jetzt zur Nacktkatze geworden. Und das mitten im Winter!

Aber egal, ob es mich meinen Pelz kosten würde oder nicht - ich blieb an seiner Seite. Sogar das Fressen mussten sie zu mir bringen. Nur das Katzenklo, das sah ich ein, musste im Bad bleiben. Also wurde ich Meister im Schnellkacken. Meistens nahm ich mir nicht einmal die Zeit, meine Hinterlassenschaft ordnungsgemäß zu vergraben. Aber das Einbuddeln wird ohnehin völlig überbewertet. In unserem Bad kam schließlich nie ein größeres Raubtier vorbei, das anhand meiner Kacke meine Witterung aufgenommen und mich gejagt hätte.

Es war einer der seltenen Nachmittage, die wir allein verbrachten. Mike war in der Arbeit und Sarah räumte die Garage aus. Zur Sicherheit stand das Babyfon auf dem Tischchen. Seine roten Lämpchen versetzten mich meistens zurück in Krümels Babyzeit. Wehmütig sah ich meinen Jungen an. Er war viel größer und trotzdem genauso schwach wie damals. Die meiste Zeit verschlief er. War er wach, versuchte ich ihn zum Spielen zu animieren oder ließ mir aus einem Buch vorlesen. Natürlich konnte er nicht richtig lesen, aber die Geschichten, die er zu den Bildern erfand, waren allemal besser als die von Sarah oder Mike. Bei ihm kam nämlich immer ein kleiner Junge mit seinem Kater vor. Und sie hießen sogar wie wir.

Heute sah es aber nicht danach aus, als würde es eine fröhliche Geschichte werden. Krümels Augen glänzten verdächtig und sein Kinn zitterte.

Ich rieb meinen Kopf an seinem Arm.

„Ach Linus."

Krümel schniefte und drückte sein rotzverschmiertes Gesicht fest in mein Fell. Bei jedem anderen hätte ich mir diese Behandlung ausdrücklich verboten, aber mein Krümel durfte alles. Vor allem, wenn er, so wie jetzt, ganz aufgelöst war. Mit der Pfote versuchte ich seine

Wange zu erreichen und ihn sanft anzustupsen. Als er das merkte, ließ er mich ein wenig los. Darum lagen meine Ballen an seiner nassen, klammen Haut. Ich brummte so beruhigend, wie ich nur konnte. Trotzdem rannen ihm weiter Tränen über die Wangen. Er schien geradezu untröstlich.

„Weißt du, Linus, es ist so ... Mama und Papa denken, ich bin blöd. Oder blind und taub. Oder alles zusammen. Die spinnen doch. Sie denken echt, ich glaub ihnen den Quatsch. Verschleppte Sommergrippe. Blödsinn!"

Er wischte sich mit dem Ärmel übers Gesicht. Fast schon trotzig erklärte er:

„Ich bin richtig krank. Natürlich weiß ich das! Ist doch mein Körper. Ich spüre doch, dass da was echt nicht stimmt. Aber keiner will mir sagen, was es ist. Und wann ich wieder Fußball spielen kann. Ich hab doch den tollen Ball von Tante Fanni bekommen. Einen original Bayern-Ball. Mit allen Unterschriften drauf. Stell dir das mal vor!"

Ich stellte – und verstand die Aufregung trotzdem nicht. Aber sie war ansteckend. Ich mauzte auffordernd.

„Was? Jetzt? Ach Linus."

Krümel sank wieder in sich zusammen.

„Mir ist doch schon das Gehen zu anstrengend. Wie soll ich dann laufen?"

Leise fügte er hinzu:

„Das ist alles so unfair."

Wie recht du doch hast, mein Kleiner. Ich würde es gern für dich ändern. Aber ich bin hier nur der Kater ...

Traurig sah ich zu ihm hoch. Irgendwie musste ich ihn doch aufmuntern können ...

Moment!

Die Lösung war einfacher, als eine Scheibe Schinken zu klauen:

Krümel wünschte sich diesen Ball, der so furchtbar nach totem Tier stank. Also würde ich dafür sorgen, dass er ihn bekam. Ein kratz- und bissfester Plan nahm in meinem Kopf Gestalt an.

Im Nachhinein betrachtet, wäre ein krallfester Plan sinnvoller gewesen.

So aber hing ich in bester Friekleimper-Manier am Regal.

Absolut verrückt, dass manche Menschen das freiwillig auf sich nahmen, nur um einen Berg hinaufzukommen. Da fuhr ich lieber auf der anderen Seite mit dem Lift hoch.

Aber natürlich gab es keinen im Wohnzimmer. Wozu auch?

Ich gebe zu, ich zögerte einen Moment. Dann rief ich mir ins Gedächtnis, dass ich ein Kater war, Krallen hatte und im Wald auch auf jeden Baum rauf kam, wenn der Fuchs hinter mir her war. Mit fachkätzischem Blick musterte ich die schwarzen Bretter, die kreuz und quer über die ganze Wand verteilt waren. Krümels Ball musste ausgerechnet ganz oben sein.

Aber gut. Im Grunde dürfte es kein Problem sein. Ich musste lediglich auf das erste Brett kommen und dann von Etage zu Etage springen. Ein Kätzchenspiel!

Wie hieß es so schön?

Die Katze denkt und Karma lenkt.

Allerdings mochte mich meines nicht besonders.

Daher war es wohl kein Wunder, dass ich kurz darauf meterhoch über dem Fliesenboden baumelte, da ein

Großteil meines nicht gerade grazilen Körpers noch jenseits der Kante hing. Blöde Schwerkraft ...

Aber an Aufgeben war nicht zu denken!

Mein Krümel brauchte diesen Ball.

Dafür hätte ich sogar ein Bärengehege betreten!

Natürlich erst, wenn Meister Petz pennt.

Nein, das hat nichts mit Feigheit zu tun. Das nennt man taktisches Kalkül. Wenn der Bär wach ist, frisst er mich und der Ball bleibt, wo er ist.

Mit der Kraft der Verzweiflung hieb ich auf das unnachgiebige Holz ein. Ich musste nur eine Kralle hineinkriegen – gut, bei meinem Gewicht lieber alle – dann konnte ich mich hochziehen.

Wie ich es schlussendlich schaffte, blieb mir ein Rätsel.

Schwanz, Hinterpfoten und mein Hintern hingen zwar über das zu kurze Regal hinaus, aber mein Schwerpunkt war oben. Das reichte zum Glück.

Eine ganze Weile lag ich flach wie eine Flunder im Staub und keuchte. Letzteres hatte aber ganz bestimmt nichts mit meiner Ausdauer zu tun, sondern nur mit der dicken Dreckschicht, in der meine Nase steckte.

Als meine Beine aufgehört hatten zu zittern, zog ich mich ganz hoch und schubste den Ball mit stolzgeschwellter Brust hinunter. Dabei fiel mein Blick ebenfalls nach unten – und ich bemerkte den ganz, ganz großen Nachteil meines heroischen Plans.

Ich musste da auch wieder hinab.

Der Weg zurück scheiterte schon mal daran, dass ich mich auf dem schmalen Brett nicht umdrehen konnte. Das nächstgelegene Regal in Reichweite war vollgestellt mit diesen kleinen glänzenden Figuren, die Sarah als Erbstücke bezeichnete. Noch nicht einmal Krümel hatte sie anfassen geschweige denn damit spielen dürfen. Ich konnte mir also in etwa ausmalen, was sie mit mir anstellen würde, sollte ich eine kaputt machen. Und das würde unweigerlich geschehen, sollte ich versuchen, dort zu landen.

Es blieben also nur zwei Möglichkeiten:

Ein gewagter Sprung Richtung Sofa und einen Tierarztbesuch riskieren.

Oder sitzen bleiben und Schelte riskieren.

In beiden Fällen war es fraglich, ob ich Krümel den Ball bringen konnte, ohne dass es jemand bemerkte.

Dreimal zugekacktes Katzenklo – ich saß in der Falle!

Plötzlich drang ein Wimmern an mein Ohr – ich stutzte.

War das etwa mein Kleiner?

Stille.

Ich wollte mich gerade wieder in meine Flugbahnberechnungen vertiefen, da hörte ich es wieder. Dieses Mal war es eindeutig. Krümel weinte.

Jetzt gab es kein Halten mehr.

Zum Teufel mit den Berechnungen. Als wenn ich jemals gut in Mathe gewesen wäre. Ich nahm einfach alle Kraft zusammen und stieß mich ab.

Ich bezweifle, dass ich diesen Sprung noch einmal schaffen würde, aber angespornt durch Krümels Kummer flog ich durch die Luft und landete genau auf der Sofakante. Der Stoß in Magen war reichlich unschön, aber für Gejammer blieb keine Zeit. Ich hatte mir nichts gebrochen, konnte noch laufen – passt schon!

Zum ersten Mal dankbar für die vielen Stunden, die

ich schon Ball gespielt hatte, rollte ich die Beute ins Kinderzimmer.

Bedauerlicherweise kam ich zeitgleich mit Mike dort an.

Mein Versuch den Ball schnell unters Bett zu schubsen scheiterte daran, dass dort schon so viel lag. Aber da wir so viel Zeit dort verbrachten, wollten wir alles in Griffweite haben. Es unters Bett zu schieben war quasi ein Kompromiss, damit Sarah noch staubsaugen konnte.

Notgedrungen legte ich mich über die stinkende Kugel und hoffte, dass mir Mike ohnehin keine Aufmerksamkeit schenken würde.

Was soll ich sagen, es hat nicht geklappt.

Trotzdem kam ich recht glimpflich davon, weil sich Krümel so freute und Mike mittlerweile so ziemlich alles recht war, was seinem Sohn ein Lächeln entlockte.

Das hätte mir zu denken geben sollen.

Aber selbst, wenn ich es bemerkt hätte – was hätte es geändert?

Hätte ich meinem Kleinen besser helfen können, wenn ich mir noch mehr Sorgen gemacht hätte?

Ich glaube nicht. Ich wäre wahrscheinlich wie Sarah völlig neurotisch geworden, statt meine Zeit mit ihm möglichst unbeschwert zu genießen. Aber ich habe leicht reden. Ich war schließlich nur der Kater.

Von dieser Nacht an blieb der Ball neben dem Bett und immer, wenn sich Krümel fit genug fühlte, rollten wir ihn über die Bettdecke. Manchmal hatte er sogar genug Energie übrig, um mir kleine Geschichten zu erzählen. Darin war er ein großer Fußballstar, der jeden Gegner austricksen konnte. Wenn er sich dem Höhepunkt des Traumes näherte, begannen seine Augen wie früher zu leuchten und als er das alles entscheidende Tor schoss, lächelte er sogar. Mein Herz hätte zerspringen können vor Liebe.

Wie gern wäre ich mit vollem Anlauf in seine Arme gesprungen, hätte meinen Kopf mit Wumms gegen sein Kinn geschlagen. Aber aus Erfahrung wusste ich, dass er dafür zu schwach war. Also hielt ich mich zurück. Auch wenn es regelrecht wehtat, ihm meine Liebe nicht auf Katzenart zeigen zu können.

Trotzdem war dieser Schmerz kein Vergleich zu dem, was ich fühlte, als der Krankenwagen kam und meinen Kleinen mitnahm. Einmal mehr stand ich am Fenster zur Straße und war untröstlich.

Ratsch!

Endlich öffnete sich der Reißverschluss meines Gefängnisses. Sofort bohrte ich den Kopf durch die kleine Lücke, um tief durchzuatmen. In der Tasche war es stickig geworden. Doch schon nach dem ersten Atemzug musste ich so kräftig niesen, dass mich Sarah zurückstopfte.

Beleidigt rubbelte ich mit der Pfote über die Nase. Nicht nur, dass ich Sarahs Verhalten gemein fand, nein, auch mein Geruchssinn war gekränkt. Da draußen stank es noch schlimmer als in der Tasche. Und das obwohl ich vorher ein, zweimal pupsen musste. Dezent natürlich. Aber trotzdem raumfüllend. Gut, es war ja auch ein sehr kleiner Raum gewesen. Schuld daran war nur diese vermaledeite Lasagne vom Lieferdienst, die außer mir niemand hatte essen wollen.

Was hätte ich jetzt für einen Klecks Tomatenhack-
fleischsauce auf meiner Nase gegeben. Ich wäre sogar
tapfer und würde sie nicht abschlecken. Zumindest
nicht ganz.

Aber vermutlich hätte der Gestank hier sogar das
Aroma von geschmolzenem Käse überdeckt. Kranken-
häuser rochen schlimmer als ein Katzenpups nach einem Lasagnefestmahl. Wer hätte das gedacht?

Trotzdem wollte ich aus der Tasche hinaus. Energisch
drückte ich den Kopf gegen Sarahs Hand. Sie hatte mir
meinen Krümel versprochen. Und zu dem wollte ich. Jetzt!

Nach einigem Hin und Her gab sie endlich nach. Sofort steckte ich den Kopf wieder hinaus und sah als erstes ein Monster!

Direkt mir gegenüber saß eine riesige quergestreifte
Tasche mit einem lebendigen Katzenkopf oben drauf!
Ich legte die Ohren an und fauchte. Der sollte ja da drü-
ben bleiben!

„Das bist du selber, Linus!"

Sarah lachte sogar, als sie mir – und gleichzeitig dem
Feind dort drüber – über das gesträubte Fell streichelte.
Das war Zauberei! Ich verlegte mich aufs Knurren.

„Ach Linus."

Nun klang sie ärgerlich.

Mit einem Ruck wurde ich samt Tasche herumge-
dreht und vergaß auf der Stelle, was mich eben noch
aufgeregt hatte. Vor mir stand ein viel zu großes Bett,
in dem mein Krümel lag. Jetzt gab es kein Halten mehr!

Mit aller Kraft kämpfte ich mich frei und sprang hinüber. Noch zwei Sätze, noch einer – und mit Wumms
krachte ich gegen Krümels Wange. Begeistert schnurrend
und schleckend und mauzend und tretelnd schwirrte ich

um ihn herum. Mein Junge wusste gar nicht, wie ihm geschah. Er lachte und weinte und versuchte mich festzuhalten. Aber ich konnte jetzt nicht stillhalten!

Erst, als sich der Überschwang etwas legte und ich nicht mehr das Bedürfnis hatte, ihn vor lauter Liebe zu beißen, schmiegte ich mich selig in seinen Arm. Hier gehörte ich hin. Das war der beste Platz der Welt. Dagegen konnte nicht einmal der geöffnete, volle Kühlschrank anstinken.

Krümels Finger gruben sich in mein Fell wie früher, als er noch ein Baby gewesen war. Ein bisschen zu fest, fast schmerzhaft – und trotzdem wundervoll.

Viel zu bald stupste mich Sarah an.

„Komm, Linus. Wir fahren heim. Krümel braucht Ruhe."

Sie hatte die ganze Zeit geredet. Ich war leise gewesen.

„Mike wartet sicher schon."

Sein Problem.

„Und du brauchst doch sicher was zu fressen."

Nö.

„Na komm."

Sie versuchte mich hochzuheben. Gekonnt rollte ich mich zu einer Kugel zusammen. Den Trick habe ich mir von den Igeln abgeguckt. Sarah hatte nicht den Hauch einer Chance mich so hochzuheben. Zumindest nicht ohne Gewalt. Allerdings würde das die Bettdecke nicht überleben. Das wusste sie auch. War nicht unser erstes Mal.

Heute blieb es uns – und der Decke – erspart, denn plötzlich ging die Tür auf und eine forsche Stimme keifte los: „Sind sie total bescheuert?! Sie können doch keine Katze herbringen!"

Sofort ließ Sarah los, wagte sich aber nicht, sich umzudrehen. Ihr Gesichtsausdruck erinnerte mich an damals, als sie noch heimlich Pudding in der Nacht gegessen hatte. Und nicht nur ein kleines Schüsselchen, sondern die Familienpackung.

„Dafür kriegen sie Hausverbot! Ich melde es sofort der Oberschwester."

Jetzt kam endlich Leben in Sarah.

„Aber, meine Gute", flötete sie, „was denken Sie bloß von mir?"

Sie eilte hinüber und legte den Arm um die Hexe.

„So etwas Dummes und Gefährliches würde ich doch niemals wagen. Das ist nur ein Stofftier."

„Ein Stofftier? Schaut aber ziemlich echt aus."

„Natürlich, natürlich. Es kommt ja auch aus ... aus ... aus der Schweiz."

„Aus der Schweiz? Sie wollen mich wohl veralbern."

Die Skepsis war mit Pfoten greifbar und ich flehte Sarah an, sich eine glaubhafte Geschichte auszudenken. Ich wollte hier nie wieder weg! Notfalls würde ich mich auch so tot stellen, dass ich als Schweizer Stofftier durchging.

„Aber nein. Sie wissen doch, die Schweizer machen die beste Schoki, die genauesten Uhren und eben auch die echtesten Stofftiere."

„Und wie kommt es aus der Schweiz hierher? Sie sind eindeutig nicht aus der Schweiz."

„Tante."

„Wie Tante?"

„Na, seine Patentante hat es ihm geschickt. Das ist ein Brauch in der Schweiz. Zur Geburt bekommt jedes Kind von seiner Patentante etwas, das es beschützen soll. Und ich meine, so eine Schutzengelkette – die hat doch jeder. Aber eine solche Katze, nein, das ist etwas so Besonderes wie unser Max. Darum darf auch bitte keiner das Tier anfassen! Wenn sie kaputt geht oder Flecken bekommt, wird Max sieben Jahre vom Pech verfolgt."

Alle Achtung, das Märchenlesen macht sich ja wirklich bezahlt.

Ich blinzelte vorsichtig zur Tür und sah gerade noch, wie Sarah die Hexe hinausbugsierte und dabei noch vom „unschätzbaren Wert" und „Sammleredition" schwafelte.

Respekt Sarah, du kannst ja ein ausgekochtes Schlitzohr sein. Wenn du eine Katze wärst, würde ich jederzeit mit dir Schinken klauen gehen.

Zufrieden schloss ich die Augen. Sollte trotzdem noch jemand auf die bescheuerte Idee kommen, mich anzufassen, würde ich eben eine mindestens genauso gute Show abliefern.

Eingelullt vom süßen Geschmack eines siegreichen Kampfes döste ich ein.

Ob ich genauso gut geschlafen hätte, wenn ich damals gewusst hätte, dass ich dieses Krankenhaus nie mehr verlassen würde?

Der tägliche Zimmerservice war gründlicher als im Hotel. Trotzdem hielten sie sich an das Verbot, das teure Stofftier anzufassen. Es war richtig rührend, welche Mühe sich die Frauen gaben.

War Krümel wach, versuchten sie ihn aufzuheitern, erzählten Geschichten, sangen Lieder.

Schlief Krümel, gingen sie so vorsichtig zu Werk, als wäre er ein Baby, das unter keinen Umständen geweckt werden darf. Und egal, wie viel sie zu tun hatten, nie fiel ein böses Wort. Vor lauter Dankbarkeit hätte ich schnurren können.

Heute hatte eine Neue zusammen mit Vanille Dienst.

Zu meiner Unterhaltung hatte ich angefangen, den ganzen Menschen Namen zu geben. Meistens nach ihrem Geruch.

„Unglaublich wie echt dieses Stofftier aussieht. Es würde mich nicht wundern, wenn es plötzlich miauen würde."

Vanille lachte. „Und trotzdem würdest du kreischend an die Decke springen vor Schreck."

Die andere stimmte ein.

Mir war früher nie aufgefallen, wie wundervoll Lachen klingt. Es füllt den ganzen Raum mit Wärme. Sogar weiße, keimfreie Krankenhauszimmer. Ich stellte mir vor, wie Vanilles geschickte Hände dabei über meinen Rücken strichen.

Während sie aufräumten, plauderten sie weiter und ich hörte zu. Es war ein bisschen wie im Tierheim damals. Irgendwann war man für alles dankbar, das einem die Zeit vertreib. Sogar das anscheinend für Menschen so übliche wer mit wem in der Besenkammer verschwunden war.

„Mein Sohn ist schon groß, fast 11. Aber seine Giraffe schläft noch immer bei ihm Bett. Wenn seine Kumpels kommen, räumt er sie zwar mittlerweile in den Schrank. Aber spätestens zur Schlafenszeit holt er sie wieder raus. Manchmal befürchte ich, er nimmt sie noch ins Studentenheim mit."

„Und das wäre schlimm?"

„Ich weiß nicht. Irgendwie schon. Oder nicht? Ich meine, was werden die anderen denken? Wahrscheinlich, dass ich eine total durchgeknallte Mutter bin. Und er Kind geblieben ist. Wegen mir. Es sind doch immer die Mütter an allem schuld."

„Blödsinn. Mir ist hundertmal lieber, meine Tochter nimmt ihren Schnuffel mit ins Bett als einen Jungen."

„Das ist was anderes. Du hast ein Mädchen."

„Also Birte, wirklich. Hinter welchem Mond lebst du?"

„Was soll das nun heißen? Nur weil ich vom Dorf ..."

„Das hat damit gar nichts zu tun."

„Was dann?"

„Sieh es doch mal so: Meinst du nicht den Eltern von Max wäre es lieber, er würde mit dreißig immer noch neben seiner Katze schlafen? Oder zwischen einem halben Dutzend anderer Stofftiere? Wahrscheinlich dürfte er das ganze Haus mit Stofftieren vollstopfen – Hauptsache er lebt dann noch."

Ich zuckte beinahe zusammen. Was wollte Vanille damit sagen?

Die andere holte mehrfach Luft, um zu antworten – und ließ es dann doch. War vermutlich besser so. Viel Kluges wäre da bestimmt nicht herausgekommen.

Kurz darauf waren wir wieder allein.

Endlich.

Ich dehnte und streckte mich. Stofftier zu sein, hatte auch Nachteile.

Einer davon war, dass ich entweder zu wenig hörte, weil die Weißen mit Mike und Sarah immer woanders redeten. Ein anderer, dass ich zu viel hörte. So wie eben.

Verzweifelt wünschte ich, nachfragen zu können.

Hatte Vanille wirklich angedeutet, dass mein Krümel sterben könnte?

Das ging doch gar nicht! Er war doch noch ein Kind.

Sagt nichts. Mir ist auch so bewusst, dass selbst kleine Kätzchen und Welpen sterben können. Ich habe selbst auch schon Küken und anderem Getier den Garaus gemacht, ohne nach dem Alter zu fragen.

Aber das hier war etwas anders.

Schließlich war es mein Krümel, mein Baby, das ich länger als einen Jahreslauf warmgehalten und in den Schlaf gebrummt hatte.

Was wusste diese blöde Vanille schon von meinem Kleinen. Der war zäh und stark und wenn er sich etwas in den Kopf gesetzt hatte, bekam er es auch.

Moment!

Das war die Lösung.

Krümel konnte ja gar nicht wissen, was Vanille dachte. Er schlief ja.

Das bedeutete, ich musste nur darauf warten, bis er das nächste Mal wach wurde. Dann konnte ich ihm sicher verdeutlichen, dass wir hier raus mussten. Dass wir nach Hause gehörten. Meinetwegen auch in diese Schule. Mittlerweile war ich ohnehin so schlank, dass ich problemlos in der Schultasche Platz hatte. Krankenhausfraß glich eindeutig dem aus dem Tierheim. Vielleicht hatte der Koch ja die Stelle gewechselt?!

Egal. Das würde bald der Vergangenheit angehören.

Krümel würde gesund werden. Ich musste ihm nur sagen, dass er das gefälligst zu wollen hatte. Und ehe die Bäume wieder Blätter trugen, würden wir in unserer wunderbar gemütlichen Küche sitzen und Schnitzel futtern. Mike würde diese lächerliche Schürze tragen und schief pfeifen, während Sarah uns ermahnte, weniger Majonäse zu nehmen. Natürlich vergeblich. Danach würde es noch selbstgemachten Apfelstrudel mit Vanillesauce geben.

Es würde perfekt sein.

Ich musste nur so lange wach bleiben, bis Krümel die Augen aufmachte.

Es lag also einmal mehr nur an mir. Und ich würde mein Bestes geben.

Mein Bestes war ganz offensichtlich nicht gut genug.

Egal, wie sehr ich mich bemühte, auf das leiseste Geräusch lauschte, das winzigste Zucken achtete – ich erwischte nicht einen wachen Moment.

Entweder Krümel schlief ausdauernder als ein Murmeltier im Winter – oder ich wurde langsam wirklich alt. Wenn das so weiterging, würden die Mäuse bald Lambada auf meinem Kopf tanzen können, ohne dass ich es bemerkte.

Was ich aber bemerkte:

Krümel wurde mit jedem neuen Tag ein kleines bisschen weniger. Nicht nur körperlich. Auch alles andere.

Das, was ihn zu meinem Krümel machte, verschwand.

Ich schmiegte mich so eng ich konnte in seine Armbeuge. Drückte die Nase an seine Haut.

Sie glühte. Wie so oft.

Nur langsam gewöhnten wir drei uns daran, Zeit zu haben. Alles, was wir taten, taten wir mit schildkrötenhafter Langsamkeit. Alles war darauf ausgerichtet, Zeit zu schinden, den Tag mit halbwegs sinnvollen Tätigkeiten auszufüllen. Damit er vorbeiging. Einer nach dem anderen. Erst als es zu Ende ging, wünschten wir uns, es würde länger dauern. Aber davon später mehr.

Wir lernten, dass Warten gute Nachrichten bedeutete. Dass es in einem Krankenhaus nur dann schnell ging, wenn die Situation ernst war. Mussten wir also bis Mittag warten, damit jemand kam, um Blut abzunehmen, ging es nur um eine Routinekontrolle, von der niemand eine Verschlechterung erwartete. Kam ein Untersuchungsergebnis erst gegen Abend oder gar am nächsten Morgen, hörte ich nicht einmal zu. Es konnte nichts Schlimmes sein.

Diese Einsicht nahm uns allen eine große Last – und sparte den Weißen jede Menge Nerven. Auch Sarah und Mike stritten sich nicht mehr, wie oft man nachfragen gehen durfte. Mike hatte es immer super eilig gehabt. Jeden, der im Krankenhaus arbeitete, hatte er aufgehalten und ausgefragt. Sogar die Frau mit dem Besen! Sarah hatte ihn dann immer am Ärmel zurück ins Zimmer zu ziehen versucht und dabei entschuldigend in alle Richtungen gelächelt. Überhaupt entschuldigte sie sich bei allem und jeden. Einmal bekam ich mit, dass die Weißen nicht mehr von Maximilians Eltern sprachen, sondern von *Sorry* und *Stressi*.

Ein Dauerthema war die Frage, ob wir im richtigen Krankenhaus waren. Ob die Weißen auch wirklich alles taten.

Unter uns, anfangs hatte ich, so wie Mike, meine Zweifel.

Wenn Sarah sagte: „Sie tun, was sie können", dachte ich nur: „Kunststück, das ist ja nicht viel."

Aber im Laufe der Wochen merkte ich, dass ich mich ausnahmsweise mal geirrt hatte. Leider konnte ich mich nicht auf Katzenart entschuldigen oder ihnen wenigstens ein paar Mäuse fangen. Ich musste ja den Schein wahren.

An einem ungewöhnlich sonnigen Tag tropften Tränen von Mikes Wange auf die hellgelbe Decke.

So vorsichtig, als würde ein Schmetterling darauf sitzen, legte er Krümels Finger an seine Wange. Dann hauchte er einen Kuss auf die Innenseite.

„Hör nicht auf zu kämpfen, ja? Du bist doch mein großer Junge. Wir haben doch so viel vor. Weißt du nicht mehr, dass wir dieses Jahr Skifahren lernen wollten? Nur du und ich. Ohne Mama. Die fürchtet sich nur wieder. Die Bretter habe ich letzte Woche abgeholt. Die knallgrünen, die dir so gut gefallen haben. Wenn du willst, bekommst du auch die glitzernden Streifen."

Mike nahm Krümels winzige Hand zwischen seine großen.

„Im Fußballverein warten sie auch auf dich. Ich soll dich von allen ganz lieb grüßen. Und du sollst schnell gesund werden. Sie halten dir den Platz in der Mannschaft frei.

Mit der Schule musst du allerdings noch ein Jahr warten. Aber das macht überhaupt nichts. Dann kannst du wenigstens zusammen mit Karlchen in dieselbe Klasse gehen. Wenn du magst, können wir mit ihm zusammen die Wände in deinem Zimmer bunt anmalen. Du kannst so gut zeichnen. Von mir hast du das nicht. Aber meine Oma, die konnte das auch. Sie wäre so stolz, wenn sie deine Bilder sehen könnte. Schade, dass ihr euch nicht mehr kennengelernt habt. Du hättest sie toll gefunden. Sie war der gleiche Lauser wie du. Selbst mit über neunzig. Ich weiß noch, wie der Schalk in ihren Augen glitzerte. So wie in deinen. Überhaupt habt ihr so viel gemein. Aber deine Fantasie – die hast du von deiner Mama. Ihr seid beide so kreativ. Aber seit du hier bist, mag sie nicht einmal mehr fotografieren. Ohne dich macht nichts Spaß. Du fehlst einfach überall. Bitte Liebling, wach wieder auf. Was sollen wir denn ohne dich machen? Ohne dich sind wir keine Familie."

Ich hatte mich am Fußende zusammengerollt. Gelegentlich blinzelte ich nach oben. Aber abgesehen von seinem Daumen, der sanft über die schmale Kinderhand strich, saß Mike bewegungslos. Die Wangen glänzten feucht und er sah wieder so schrecklich aus wie zu Krümels Babyzeit.

Es war niederschmetternd.

Die Dämmerung schlich ins Zimmer. Auf dem Gang klapperte der Essenswagen vorbei, eilige Schritte, dann und wann ein Husten. Unsere Tür blieb zu. Hier war niemandem nach Essen zumute.

Vor dem Fenster leuchteten die ersten Lichter auf.

Das ganze Krankenhaus war gebogen wie eine Kralle und von unserem Zimmer aus konnten wir in alle auf der gegenüberliegenden Seite schauen. Auf dem Fensterbrett, verborgen hinter dem Vorhang hatte ich auch schon gehockt und gehofft, dass mich niemand sehen würde. Ich konnte mir nur allzu gut ausmalen, was passieren würde, wenn mich einer dieser weißen Leute entdecken würde. Vermutlich konnte ich von Glück sagen, dass sich die Fenster nur kippen ließen – und ich zu groß für den Spalt war.

Mike riss mich aus meinen Gedanken. Seine Hand strich über Kopf und Rücken.

„Na komm, Linus. Wenn es Sarah schon nicht schafft, ich werde dich heute mitnehmen. Du kannst schließlich nicht ewig hierbleiben."

Bockig drehte ich mich herum, zeigte Mike meine pelzige Kehrseite.

Und ob ich konnte.

Kalte Hände schlossen sich um meine Mitte, versuchten mich hochzuheben. Entschlossen grub ich die Krallen in die Decke. Keine zehn Hunde würden mich hier rauskriegen!

„Du sturer Mistkerl! Verdammt, wie kann man sich nur so schwer machen?!", schimpfte Mike, während er versuchte, mich am Nackenfell hochzuziehen. Aber dafür war ich eindeutig zu gut. Wenn ich wollte, konnte ich mich mindestens doppelt so schwer machen. Und jetzt gerade wollte ich.

Seine Finger rutschten ab und er stolperte einen Schritt nach hinten.

„Verdammt, Linus!"

Ich drehte ihm den Kopf um und fauchte mit angelegten Ohren.

Mikes Faust krachte auf das Beistelltischen, dass die Tabletten in der Box nur so klapperten und das Foto umfiel.

„Du sturer Teufel. Dann bleib halt hocken. Du wirst schon sehen, was du davon hast."

Zeit mit Krümel.

„Du wirst Augen machen, was sie mit dir anstellen, wenn sie dich finden. Ich komm dich dann nicht retten. Meinetwegen können sie dich zu einem Muff verarbeiten."

Dazu müssen sie mich erst einmal kriegen.

Nachdem Mike das Krankenzimmer wutschnaubend verlassen hatte, robbte ich zu Krümels Hals hoch. Vorsichtig legte ich die Pfote auf seine Lippen und erschrak, wie trocken und rissig sie sich anfühlten.

Wach doch auf, mein Kleiner!

Fester, als beabsichtigt, drückte ich den Kopf gegen seine Wange.

Wir brauchen dich.

Ich brauche dich.

Mike saß auf dem Bett. Krümel schlief in seinen Armen.

Von der Seite aus konnte ich die beiden in Ruhe studieren. Ich hatte ein flaues Gefühl im Magen. So als hätte ich einen Vogel gefressen, müsste aber die Federn und Knochen noch hochwürgen. Bloß konnte das gar nicht sein. Die einzigen Vögel, die es hier im Krankenhaus gab, kamen stückchenweise auf Plastiktellern. Auch draußen flog kaum einer vorbei. Obwohl es unten einen Park gab und viele willige Menschen mit Rascheltüten. Manchmal beobachtete ich, wie sie das aufgebröselte Brot an die Ameisen verfütterten. Ich nehme es zumindest an. Oder sie sahen Vögel, wo keine waren. Soll es ja auch geben. Das Problem hatte ich auch einmal gehabt. Daran war dieser Jogurt schuld gewesen, den Mikes Freund aus dem Urlaub mitgebracht hatte. Alle fanden ihn so lustig, da wollte ich eben auch probieren. Blöde Idee. Seitdem weiß ich, dass eine weiße Wand nicht ausschließlich weiß ist. Aus dem richtigen Winkel betrachtet, tanzen viele bunte Kreise und Kringel darauf. Fangen lassen sie sich allerdings nicht.

Trotz der bösen Kopfschmerzen hätte ich sofort mit damals getauscht. Da waren alle noch so unbeschwert und glücklich gewesen. Aber jetzt? Hier im Krankenhaus wurde nur geweint. Und geflucht.

Die kleinen Fältchen, die Mike beim Lachen bekam, hatten Gesellschaft bekommen. Tiefe Linien teilten die

Stirn. Er sah so ernst aus. Zwischen den struppigen Haaren glänzten graue Strähnen. Auch die waren neu.

Krümel und Mike waren einander wie aus dem Gesicht geschnitten. Haaransatz, Wangenknochen, Kinn – mein Kleiner war ganz der Papa. Allerdings fiel das erst jetzt so richtig auf. Hier im Krankenhaus hatte er den letzten Rest Babyspeck verloren. Die roten Backen waren verschwunden, genauso wie die Sommersprossen, die er von Sarah hatte. Stattdessen war so mager und struppig wie ein zu spät geborenes Herbstkätzchen.

Die Augenbrauen waren von Mike, die hellgrünen Augen aber von Sarah. Nur hatte er die schon lange nicht mehr offen gehabt. Selbst wenn er wach war, ließ er sie meistens zu. Alles war ihm zu laut, zu hell, zu anstrengend. Dabei lauerte ich doch noch immer darauf, dass er länger als ein paar Momente wach war. Ich musste mit ihm reden.

Die anderen quatschten ununterbrochen auf ihn ein. Obwohl er schlief. Das verstand ich nicht. Wie sollte er das denn mitbekommen? Außerdem redeten sie immer so, als würde er ihnen gleich antworten. Sie stellten ihm sogar richtige Fragen. Verrückt.

So dumm war ich nicht. Um mich zu verstehen, musste er wach sein. Dann konnte ich ihm endlich begreiflich machen, dass wir hier ganz dringend raus mussten. Dass wir nach Hause gehörten. Und zwar alle zusammen.

Aber es sah nicht so aus, als würde das in absehbarer Zeit passieren.

Wie eine leblose Puppe lag Krümel in Mikes Armen. Neben dem Bett stand dieser seltsamen Kleiderständer, an dem nie Jacken hingen. Dafür baumelten dort durchsichtige Beutelchen. Zwei dünne Schläuche liefen zum

Bett, verschwanden unter der Decke. Ich wusste genau, dass sie Medizin in Krümels Körper fließen ließen und dass das notwendig war, weil mein Kleiner nicht richtig schlucken konnte. Nicht einmal das beste Sahneeis der Welt. Zuerst hatte ich mich regelrecht darauf gestürzt, aber es blieb mir bald im Hals stecken. Krümel hatte drei, vier Löffel gegessen, wollte sogar einen fünften. Aber obwohl Sarah ihn ganz langsam gefüttert hatte, erbrach er alles. Sein Körper krampfte so lange, bis nur noch Galle kam. Die ganze Zeit über weinte Krümel lautlos. Danach schmiegte er sich an Sarah und schlief ein.

Seitdem kann ich kein Eis mehr riechen. Egal, ob mit oder ohne Sahne.

Als ich die Augen aufmachte, bot sich ein seltsames Bild.

Mike stand noch immer an Krümels Bett, aber irgendetwas hatte sich verändert. Die ganze verzweifelte Energie, die Mike bis dahin noch ausgestrahlt hatte, war weg. An ihre Stelle war eine viel größere Traurigkeit getreten.

In den Händen hielt er den nach toten Tieren stinkenden Ball.

Ich konnte seine Worte kaum verstehen, so leise sprach er. Ganz ohne Emotion.

„Jetzt heißt es wohl Abschied nehmen. Max, mein großer Junge. Ich hätte nie gedacht, dass dieser Tag kommt. Aber jetzt ist es soweit. Ich muss dich vorausgehen lassen. Die Ärztin hat gesagt, ich soll mir so viel Zeit lassen, wie ich brauche, um mich ..."

Seine Stimme brach.

Er setzte mehrfach an, um schließlich herauszuwürgen: „... zu verabschieden."

Was sollte das jetzt bitte? Wo wollte Mike denn hin? Und wieso machte er so einen Aufstand deswegen? Dann war er eben ein paar Tage weg. Ich hielt hier schon die Stellung.

„Du bist das Beste in meinem Leben. Du und deine Mama. Ich schwöre, wenn ich könnte, ich würde sofort deinen Platz einnehmen. Schon am Anfang, als alle noch von einer Sommergrippe geredet haben. Oder früher, als du noch kleiner warst. Egal was es war – ich wollte dir jedes Leid ersparen. Als du dir den Fuß gebrochen hattest, tat mir jeder Knochen weh. Deine Tränen zu sehen und dir den Schmerz nicht nehmen zu können – das ist das Schlimmste, was ich jemals erlebt hatte. Bis wir dann die Diagnose bekamen. Ich war damals sogar in der Kirche. Hab Gott und alle Heiligen angefleht. Alles hab ich ihnen geboten. Ich hätte sogar mit dem Teufel einen Pakt gemacht, wenn er gekommen wäre. Aber es kam niemand. Irgendwann bin ich dann zurück zu dir. Hierher. Und du lagst da. So klein, so zerbrechlich. Dein Anblick hat mir das Herz zerrissen. Ich musste noch eine ganze Weile am Fenster stehen bleiben, bevor ich reingehen konnte. Feige, ich weiß. Aber du solltest meine Tränen nicht sehen. Du warst immer so tapfer. Du bist mein Held, weißt du das?

Und jetzt soll ich mich von dir verabschieden."

Er schluchzte einmal auf. Schrie fast.

„Verdammte Scheiße! Kein Papa sollte das tun müssen."

Sein ganzer Körper wurden von halb unterdrückten Weinkrämpfen geschüttelte und es dauerte eine ganze Weile, bis er weitersprach. Wie gelähmt hörte ich weiter zu. Ich konnte weder glauben noch begreifen, was sich hier gerade vor meinen Augen abspielte.

Als Mike endlich weitersprach, klang seine Stimme vollkommen leblos.

„Das erste Bier, da war ich mir sicher, würdest du mit mir trinken. Heimlich, ohne dass es Mama erfährt. Dann hätten wir noch ein Männergeheimnis gehabt. So wie das Schnitzmesser, das wir im losen Stein versteckt haben. Oder den verletzten Marder, den wir in der Garage gesund gepflegt haben. Wenn du dann alt genug gewesen wärst, hätten wir alle Biersorten der Welt durchgetestet. Am besten in der Nacht, auf dem Dach. Über uns die Sterne. Bei ein, zwei Flaschen hätten wir dann über das Leben und die Frauen philosophiert. Ich war schon so neugierig, welche Mädels dir gefallen würden. Und welche du uns dann heimbringst. Auf deiner Hochzeit wollte ich die beste Rede halten, die je ein Vater gehalten hat. Oder ich hätte vor lauter Tränen kein Wort herausgebracht. Aber du hättest das verstanden. Ganz bestimmt. Du und ich – wir sind schließlich das allerbeste Team. Ich war mir so sicher, dass wir die ganzen verrückten Männersachen zusammen machen. Stell dir nur Mamas Gesicht vor. Wenn sie nicht weiß, ob sie lachen oder schimpfen soll. Wie damals, als wir ihr einen Kuchen backen wollten. Wir beiden, die Küche, Linus – alles sah aus, wie nach einem Schneesturm. Ich glaube, sie hätte uns am liebsten mit einem riesigen Staubsauger einfach ratzeputz eingesaugt. Einmal brumm und weg. Aber du hast mich gerettet. Bist einfach zu ihr hin, hast dich in ihre Arme geworfen, ihr ein dickes Mehlbussi auf die Wange gedrückt und sie mit deinem Zahnlückenlächeln angestrahlt. Da konnte sie nicht anders, als zu lachen."

Ach ja, daran erinnerte ich mich auch. Vor allem aber an den Handstaubsauger. Bei dieser Gelegenheit habe ich gelernt, dass sich Mehl nicht mit Wasser rauswaschen lässt. Und Mike hat gelernt, dass man eine Katze nicht wie einen Teppich ausklopfen darf.

„Du hast die beste Mama der Welt. Aber das weißt du sicher. Trotzdem fallen mir gerade die Dinge ein, die nur wir beiden machen wollten. Zu einem riesigen Fußballspiel. Am besten in Spanien. Vielleicht sogar ein ganzes Wochenende dort verbringen. Nur wir zwei. Dabei hätte ich dir auch verraten können, wie man ein Mädchen küsst, ohne eine Ohrfeige zu fangen. Ich wollte dir zeigen, wie man ein Moped frisiert und Auto fährt. Ich habe mir schon ausgemalt, wie Mama die Autoschlüssel versteckt – und ich dir dann heimlich zeige, wo sie sind. Damit du mit deinen Jungs um die Häuser ziehen kannst ... Aber jetzt müssen deine Freunde ohne dich groß werden. Sie werden sicher so tolle junge Männer, wie du einer geworden wärst. Wie wir ohne dich weitermachen sollen – ich weiß es nicht. Aber die Ärztin hat gesagt, dass es wichtig ist, dass wir dich gehen lassen. Und dass du nur gehen kannst, wenn du dir keine Sorgen um uns machst."

Er atmete tief durch. Setzte mehrmals an. Fuhr sich mit der Hand durch die Haare. Rang nach Worten. Brach wieder ab.

„Scheiße. Ich kann das nicht. Ich kann dir nicht sagen, geh. Hab keine Angst, dreh dich nicht um ... Ich kann es einfach nicht."

Es glich mehr einem Hinfallen als einem Hinsetzen. Schwer wie ein Sack Trockenfutter plumpste Mike in den Sessel. Er legte die Unterarme auf die Decke, versteckte das Gesicht dazwischen. Eine Hand ruhte auf Krümels Bauch.

Leise kam ich aus meinem Versteck, sprang mit einem Satz auf das Bett. Der Geruch nach Schnaps biss mich in die Nase. Normalerweise verabscheute ich diesen Gestank dermaßen, dass ich sofort geflüchtet wäre. Aber heute nicht. Vorsichtig stieg ich über Mikes Arm hinweg und legte mich so zwischen die beiden, dass mein Fell uns alle miteinander verband. Dann legte ich den Kopf auf Krümels Schulter.

Vor dem Fenster war alles dunkel. Die letzten Lichter waren schon vor einer Weile ausgegangen und dichte Wolken zogen schon seit Tagen über den Himmel. Regen war in Schnee übergangen und hatte alles mit einer dünnen Decke überzogen.

Am nächsten Morgen, noch vor der Dämmerung, kam Sarah. Sanft weckte sie Mike auf. Eine ganze Weile standen die beiden Arm in Arm neben dem Bett und hielten einander so fest, dass kein Grashalm dazwischen gepasst hätte.

Als sie aufgehört hatten zu weinen, verabschiedete sich Mike mit einem Kuss auf Krümels Stirn. Ich sah ihm an, dass er noch etwas sagen wollte, aber keine Worte fand.

Schließlich ging er wortlos hinaus.

Sarah blieb neben Krümel stehen. Ganz langsam, fast ängstlich zog sie die Bettdecke weg, deckte meinen Kleinen ganz ab.

Ich fauchte leise. So fror Krümel bestimmt.

Doch sie ignorierte meine Empörung.

Stattdessen strichen ihre Hände über seinen ganzen Körper, massierte die Beine, kreisten über den Bauch, wanderten weiter über die Arme. Es kam mir so vor, als würde sie gar nicht meinen großen Jungen sehen, sondern das Baby. Sie lächelte sogar. Es wirkte so friedlich, dass ich meinen Widerstand aufgab.

Als Sarah dann auch noch unser Wiegenlied anstimmte, wurde mir schwer und gleichzeitig ganz leicht.

Danach legte sie sich neben ihn, schmiegte sich ganz eng an seinen Körper. Mit einer Hand zog sie die Decke hoch, bis sie beide eingekuschelt im noch halbdunklen Zimmer lagen. Dann nahm sie seine Hand in ihre und lehnte die Stirn gegen seine Schläfe.

Genauso hatten sie jahrelang geschlafen, wenn es Krümel nicht gut ging. Es war die einzige Position gewesen, in der er zur Ruhe gekommen war.

Als Sarah zu sprechen begann, hätte ich ihre Stimme erst gar nicht erkannt, so rau und heiser klang sie.

„Mein Liebling, es ist Zeit loszulassen. Du darfst gehen, hörst du? Du hast genug gekämpft. Quäl dich nicht weiter. Und sieh nicht zurück. Wenn du an uns denkst, dann an unsere besten Zeiten. Denk daran, wie wir gelacht haben. Zusammen geweint. Gekuschelt. An unsere Abenteuer. Erinnere dich an unsere besten Seiten. Wir waren nicht perfekt und du hast dir wahrscheinlich ab und zu andere Eltern gewünscht, coolere. Aber wir lieben dich mehr als alles andere auf der Welt. Du bist das Beste, was uns passieren konnte. Du bist wundervoll. In allem, was du tust und bist. Ich werde nie den Blick deiner Augen vergessen, wenn wir so im Bett lagen. Abends. Und du mir deine Geheimnisse erzählt hast. Ich sehe immer noch das Strahlen in deinem Gesicht, als wir deinen Papa nach seiner Dienstreise am Bahnhof abgeholt haben. Und ich werde nie die unzähligen Gelegenheiten vergessen, in denen du uns deine grenzenlose Liebe gezeigt hast. Wie kann nur so viel Liebe in einem so kleinen Wesen stecken? Du warst, nein du bist ein Wunder für mich. Mein kleines großes Wunder. Du hattest unendlich großes Vertrauen in uns. Papa war sowieso dein Held. Und ich konnte alle deine Wunden mit einem Bussi heilen. Wir wollten, dass du in dem Wissen groß wirst, dass dir nichts passieren kann. Und du hast uns vollkommen vertraut. In allem. Ob es um Monster unterm Bett ging, den Sprung vom Baum in Papas Arme, die Notwendigkeit von Medizin – alles. Wenn es Mama und Papa gut finden, hast du mal gesagt, ist es auch gut. Selbst wenn es grausig schmeckt.

Und ausgerechnet jetzt, wo du unsere Superkräfte am dringendsten brauchst, enttäuschen wir dich. Dabei hatten wir dir versprochen, dass alles gut würde. Und du hast uns geglaubt. Hast geglaubt, dass wir Eltern die Macht haben, alles zu richten.

Ich hoffe, du kannst uns verzeihen.

Du bist unser größtes Glück, unser Sonnenschein, unser Mittelpunkt.

Aber nun hör auf, dich für uns zu quälen. Du darfst dich ausruhen. Lass los, Liebling."

In der nächsten Nacht ging Krümels Atem abwechselnd schwer, fast keuchend, und dann wieder ganz leicht, dafür nur oberflächlich. Zwischendurch setzte er immer wieder Atemzüge aus. Auch ich hielt jedes Mal mit ihm die Luft an. Lauschte so angestrengt, dass ich das Blut in meinen Ohren hören konnte. Würde er wieder anfangen?

Bis jetzt hatte mein Kleiner immer weiter gekämpft, aber nun lag ein sonderbarer Geruch in der Luft.

Im Stillen leistete ich dem Kater Oscar Abbitte. Abgesehen davon, dass er nichts dafür konnte, dass die Leute wegen seines Buches mit Bettpfannen nach mir warfen, hatte er etwas Großartiges geleistet. Etwas, das ich nicht gekonnt hätte. Wieder und wieder bei einem Sterbenden ausharren, noch dazu bei einem völlig fremden.

Ich meine, dass ich bei Krümel blieb, war eine Selbstverständlichkeit. Aber Oscar hätte es nicht gemusst.

Vorsichtig leckte ich über Krümels Haut. Sie glühte und spannte sich über den Knochen. Einmal mehr suchte ich nach unserer Verbindung. Doch egal, wie sehr ich mich anstrengte, ich konnte nichts mehr von dem spüren, was diesen Jungen zu meinem gemacht hatte.

Ich schloss die Augen, so als könnte ich damit auch die Wahrheit ausblenden. Drückte meine Nase gegen seine Wange.

Nun war es also soweit. Die weißen Menschen hatten recht gehabt.

Krümel, mein Krümel lag im Sterben. Und ich konnte rein gar nichts dagegen tun. Kurz haderte ich mit mir, machte mir Vorwürfe, nicht intensiv genug nach ihm gesucht zu haben. Wenn ich ihn noch öfter gerufen hätte, dann ...

Aber das war Blödsinn.

Ich hatte alles gegeben. Genauso wie Sarah und Mike. Und auf ihre komische Art wohl auch die Weißen. Jeder hatte um Krümel gekämpft. Genauso wie dieser selbst.

Ich sah ihn an und für einen Moment war es mir, als könne ich die Schmerzen fühlen, die er fühlte.

Da fiel der letzte Rest Kampfeswille von mir ab.

Krümel hatte etwas Besseres verdient. Er sollte nicht hier liegen. Eigentlich sollte er zusammen mit seinen Freunden draußen durch den Schneefall toben. Oder mit seinen Eltern auf dem Sofa kuscheln, eine Schüssel Knabberzeug zwischen sich und Tränen lachen bei seinem Lieblingsfilm, während ich mich auf der Lehne so lang wie möglich machte.

Vielleicht würde der Fernseher auch ohne ihn laufen, vielleicht würde sich sogar wer aufs Sofa setzen. Aber es würde sich vollkommen sinnlos anfühlen. Bald würden Sarah, Mike und ich durch ein leeres Haus irren. Jeder für sich. Jeder allein.

Verdammte Mäusekacke!

Von einer plötzlichen Wut erfüllt, sprang ich auf. Mit wenigen Sätzen war ich am Fenster, stellte mich auf die Hinterpfoten und drückte die anderen gegen die Scheibe. Draußen riss der Wind die Wolken auf. Kalt blinkten die Sterne. Was weiß ich, warum die Menschen glauben, dass ausgerechnet diese kleinen Punkte da oben ihnen Wünsche erfüllen können. Aber vielleicht war ja etwas dran. So verzweifelt, wie ich war, angelte ich sogar nach diesem Strohhalm.

Meine Augen suchten den Himmel ab. Welchen sollte ich nehmen? Einer schien mir zuzublinken. Er war nicht der Hellste und stand fast ein wenig abseits.

Genau der musste es sein.

Hörst du mich, Stern? Wahrscheinlich nicht. Ich sollte wohl besser das Karma anrufen. Oder meine Mama. Sie verstünde mich am ehesten. Aber da es um einen Menschen geht und die Menschen euch Sterne so toll finden, frage ich dich: Gibt es noch einen Weg? Dass Krümel wieder gesund wird? So gesund, dass er wieder mit diesem stinkenden Ball spielen kann. Und seiner Mama den Blumenstrauß pflücken, der er ihr versprochen hat. So gesund, dass Mike all das mit ihm machen kann, von dem er erzählt hat. Wenn du das möglich machen kannst, schenke ich dir alles, was ich habe. Ich würde dir auch alle anderen Leben schenken, wenn ich sie noch hätte. Klar, du denkst jetzt vielleicht: Der hat gut reden. Etwas, das man nicht mehr hat, kann man leicht anbieten. Aber es ist mein voller Ernst.

Plötzlich hatte ich eine Idee. Warum nur einen fragen?

Karma, hör mir zu. Und Mama, du auch. Hört mir alle drei zu.

Mama, du liebst mich so sehr, dass du sogar über die Regenbogenbrücke zurückgekommen bist. Du weißt, wie groß die Liebe von Eltern zu ihrem Kind ist. Ich flehe dich an, wenn du etwas tun kannst: Lass nicht zu, dass Sarah und Mike ihren Sohn verlieren.

Karma, wir zwei sind nicht die besten Freunde, schon klar. Dafür kennst du mich und alles, was ich so angestellt habe, einfach zu gut. Aber wenn du das alles weißt, dann kennst du auch meine Liebe zu Krümel. Und du weißt, dass ich es so meine, wenn ich sage: Ich gebe alles, was ich habe, wenn er nur wieder richtig gesund wird.

Ihr drei, wenn ihr mich hört, bitte helft meinen Menschen!

Ich biete als Austausch mein Leben. Ja ich weiß, ich bin nur ein alter Kater. Die anderen sechs Leben verbraucht habe ich auch schon. Aber vielleicht ist mein Angebot gerade deshalb was wert. Ich verzichte auf meine letzte Chance, doch noch über die Regenbogenbrücke gehen zu können. Ich verzichte darauf, noch einmal den Wind im Fell zu spüren, den sonnenwarmen Boden unter den Pfoten zu fühlen, auf den Geruch nach Mäusen und den Geschmack von Leberwurstaufstrich zu schmecken. Lasst mich hier und jetzt tot umfallen – aber macht Krümel gesund.

Ich biss kurz die Zähne zusammen. Das zuzugeben fiel mir nicht leicht, aber es musste sein.

Wenn irgendjemand Krümel retten kann, dann ihr. Ich glaube an euch. Und ich glaube daran, dass ihr es könnt.

Ganz leise, so dass sie es hoffentlich nicht würden hören können, fügte ich hinzu: Ich weiß nur nicht, ob ihr wollt ...

Langsam tappte ich zurück zum Bett.

Jetzt hatte ich wirklich alles getan, was in meiner Macht stand.

Ich leckte Krümel über die schweißnasse Stirn.

Leb wohl, mein Kleiner. Wo auch immer du hingehen magst, leb wohl. Meine Gedanken werden dich begleiten, solange ich lebe. Mein Herz nimmst du ohnehin mit.

Dann schmiegte ich mich der Länge nach an seine Seite, so wie ich es getan hatte, als er noch ein Baby gewesen war und meine Wärme gebraucht hatte. Ergeben schloss ich die Augen.

Interim

Auf der Station herrschte große Aufregung.

Das Fieber war zurückgegangen. Zum ersten Mal seit Wochen hatte der kleine Max Gräfling eine fast normale Temperatur. Das neue Medikament schien endlich anzuschlagen, obwohl niemand mehr damit gerechnet hatte. Es war der allerletzte Versuch gewesen und das Mittel eigentlich noch in der klinischen Erprobungsphase. Von den anderen Patienten hatte bisher keiner ohne schwere bleibende Schäden überlebt. Bei Max standen dank seines Alters die Chancen besser, dass er das wochenlange, teils hohe Fieber ohne Gehirnschäden überstanden hatte.

Gegen Abend reagierte der Junge zum ersten Mal seit über einem Monat wieder auf Berührungen. Noch waren es nur Reflexe, aber der Oberarzt sprach von einer berechtigten Hoffnung, dass Max sich jetzt jeden Tag ein Stückchen weiter zurückkämpfen würde. Natürlich seien Rückschritte und sogar der plötzliche Tod nach wie vor jederzeit möglich, aber er habe ein gutes Gefühl, ließ er die weinenden Eltern wissen.

Am nächsten Tag erwiderte der Junge den Händedruck seines Vaters und alle auf der Station, Schwestern, Pfleger und

Ärzte, sprachen von einem kleinen Wunder.

Die Oberschwester redete den Eltern gut zu. Natürlich dürften und sollten sie auch weiterhin so viel Zeit wie möglich mit ihrem Sohn zu verbringen. Nur eine Bitte habe sie: Das Stofftier doch mitzunehmen und zu waschen. Es würde etwas seltsam riechen.

Das Stofftier?

Sarah zuckte schuldbewusst zusammen.

In ihrer Freude hatten sie Linus komplett vergessen.

Als sie wieder allein waren, wollte Mike den Kater wecken. Doch Linus regte sich nicht.

An diesem Abend trug Sarah ihre große Handtasche nicht wie sonst über der Schulter, sondern drückte sie gegen ihren Bauch, hielt sie mit beiden Armen fest umklammert. Obwohl ihr Sohn, wie mittlerweile das ganze Krankenhaus wusste, dem Tod von der Schippe gesprungen war, wirkte sie, als hätte sie gerade ein enges Familienmitglied verloren.

Sarah und Mike begruben Linus tief zwischen den Wurzeln des Kirschbaums, in dem er so gerne mit Krümel gesessen und Ohrwürmer geknackt hatte. Für einen Moment glaubte sie sogar, ihn hoch oben in den Ästen herumturnen zu sehen. Aber das war natürlich reines Wunschdenken.

Krümel nahm die Nachricht von Linus Tod besonders mit. Er schien untröstlich, und irgendwann begann auch der weiterbehandelnde Arzt sich Sorgen zu machen. Dieser Kummer, so meinte er, könne die weitere Heilung nicht nur verlangsamen, sondern sogar ganz aufhalten. Sogar ein Rückschlag wäre möglich. Daher schlug er vor, ein neues Tier ins Haus zu holen. Vielleicht nicht gerade eine Katze, aber ein Meerschweinchen oder noch besser ein Hund. Ein aufgeweckter Welpe würde den Jungen bestimmt dazu animieren, an seiner Beweglichkeit zu arbeiten.

Obwohl sich weder Sarah noch Mike emotional in der Lage sahen, einem anderen pelzigen Familienmitglied dieselbe Liebe entgegenzubringen, gaben sie rasch nach. Immerhin hatte der Arzt schon dreißig Jahre Berufserfahrung und wenn er meinte, das würde helfen – dann war die Sache entschieden.

Am nächsten Besuchstag fuhren sie mit Max zum Tierheim.

Da der Junge zum Gehen viel zu schwach war, schoben sie seinen Rollstuhl durch die engen Gänge. Links und rechts befanden sich Käfige mit mehr oder weniger niedlichen Tieren. Doch statt sich umzusehen, blickte der Kleine nur auf seinen Schoß. Seine Hände umklammerten dabei ein Foto, auf dem er und Linus schaukelten. Dieser Abzug vom großen Portrait – das war alles, was er sich seit seiner Heimkehr gewünscht hatte und Sarah hatte schweren Herzens nachgegeben. Seitdem ließ er es nur zum Baden los. Und selbst da musste es in Sichtweite liegen.

„Schau doch mal, Max", versuchte ihn Mike für einen Mischling zu interessieren. „Wie wäre es mit dem? Oh, er wedelt sogar. Ist der nicht toll? Nein? Gut, es gibt ja noch andere."

Zunehmend verzagt wanderten sie weiter.

Hier gab es so viele traurige Blicke. Und bestimmt noch mehr traurige Geschichten. Dort oben saß sogar eine einäugige Katze, die sie bitterböse anfunkelte.

Sie bogen um eine Ecke und plötzlich flatterte etwas Riesiges, Buntes laut krächzend auf sie zu. Sarah kreischte und Mike warf sich nach vorne um seinen Sohn zu schützen. Krallen gruben sich in seine Schulter und ein Schnabel streifte sein Ohr.

„Gott, verdammt!", brüllte er. „Was ist denn hier los?"

Der herbeigeeilte Tierpfleger pflückte ihm rasch den Ara vom Pulli und versuchte die aufgeregte Familie zu beschwichtigen. Während Mike noch Gift und Galle und Wörter wie „Anwalt" und „gemeingefährlich" spuckte, beugte sich Sarah über den Rollstuhl, um nach Max zu schauen. Hatte er den Schock gut überstanden? Warum krümmte er sich so zusammen? Und was hatte er da auf dem Schoß?

Sarah rieb sich die Augen. Das musste eine Täuschung sein, oder?

Doch es war keine.

Das Foto lag achtlos neben den Rädern des Rollis am Boden. In Krümels Händen lag das wahrscheinlich abstoßendste Kätzchen der Welt! Mager, staubgrau, mit räudigem Fell und einer schweren Augenentzündung. Einen Moment lang ekelte sich Sarah davor, doch als sie sah, wie zärtlich Krümels Finger über das verklebte Fell strichen, vergaß sie alles andere.

„Wie? Sie können uns das Kätzchen nicht mitgeben?"

Sarahs Stimme war noch auf dem Gang zu hören. Auch ohne dabei zu sein wusste Mike, dass seine Frau mit in die Seiten gestemmten Hände breitbeinig vor dem Tisch stand und die Mitarbeiter anfunkelte wie eine Löwin, die ihre Jungen verteidigt.

„Bitte, seien Sie doch vernünftig! Sie haben selbst gesagt, dass Ihr Sohn gerade einen schweren Verlust erlitten hat. Soll er gleich noch einen erleben?"

„Wie meinen Sie das?"

„Wie sie selbst gesehen habe, ist die Kleine verletzt und schwach. Wir schätzen, dass sie höchstens eineinhalb Monat alt ist. Viel zu früh, um ohne Mutter zu überleben. Dazu noch diese Augenentzündung. Falls sie überlebt, ist sie möglicher-

weise blind. Wollen Sie das ihrem Sohn antun? Sie haben selbst gesagt, er braucht jemanden, der ihn aufmuntert. Zum Spielen animiert. Aber mit diesem Kätzchen holen sie sich einen weiteren Pflegefall ins Haus."

„Einen weiteren?"

Nun klang Sarahs Stimme gefährlich leise.

„Na, Ihr Sohn. Der ist doch auch behindert. Wollen Sie da noch eine behinderte Katze?"

Jetzt hatte Mike genug gehört.

„Ich lass dich kurz allein, ja", flüsterte er seinem Sohn zu, der mit angespannter Miene leicht nickte.

Es war keine große Reaktion, aber mehr, als sie meistens bekamen. Entschlossen drückte Mike die Klinke runter und kurz bevor die Tür wieder ins Schloss fiel, hörte er plötzlich die Stimme seines Sohnes:

„Wir nehmen sie mit, gell, Papa?"

Mike hielt mitten in der Bewegung inne. Es kam ihm so vor, als würde ihm eine Art Superheldenumhang um die Schultern geschlungen. Die Verantwortung, die damit verbunden war, machte ihn kurz schwindelig. Gleichzeitig fühlte er aber auch eine unerschütterliche Kraft.

Er war ein Papa.

Und Papas heben notfalls die Welt aus den Angeln für ihre Kinder.

Das siebte Leben

Mein Wunsch: Besser in Mathe zu werden, um nicht
                  noch einmal sechs mit sieben zu
                  verwechseln.
Das Ergebnis: Bleibt abzuwarten.
Erster Eindruck: Viel zu hell.

Meine ersten Eindrücke bestanden fast nur aus Schmerz
und Einsamkeit. Doch zum Glück verschwanden sie,
wurden nach und nach von schöneren Gefühlen über-
schrieben.

Der Geschmack von warmer Milch und das wohlige Gefühl satt zu sein.
     Flausch, in den ich mich hineinwuzeln konnte.
     Eine Vielzahl an Gerüchen, die ich bald der Einfach-
heit halber „Zuhause" nannte.
     Und dann gab es da noch etwas, das mich streichelte.

Irgendwann wachte ich auf und merkte, dass über meine Nase etwas anders war. Der Druck war weg. Auch der Schmerz.

Vorsichtig wischte ich mit der Pfote darüber – und spürte etwas, das ich noch nie zuvor gespürt hatte. Da ließ sich etwas bewegen. Anders, als wenn ich beim Putzen mein viel zu großes Fell hin und her schob.

Es dauerte eine ganze Weile, aber dann fand ich die richtige Bewegung.

Begeistert übte ich weiter.

Als ich zum ersten Mal die Augen einen Spalt weit öffnen konnte, traf mich eine Art Blitz. So hell, so grell und furchtbar schmerzhaft!

Entsetzt presste ich den Kopf gegen die Pfoten.

Nie, nie wieder würde ich versuchen, die Augen aufzumachen.

Natürlich hielt dieser Schwur nicht besonders lange. Die Neugierde war einfach zu groß. Exakt dieselbe Neugierde ist es auch, die kleine Kätzchen dazu bringt, in einen Eimer mit Wasser zu springen oder den Hund in den Schwanz zu zwicken.

Nach und nach wurde es tatsächlich besser. Langsam schälten sich die ersten Umrisse aus dem Licht. Wo war ich hier? Und noch wichtiger, wo war der, der mich so herrlich sanft gestreichelt hatte?

Kurz darauf polterten die bekannten Schritte die Treppe hoch und ein Junge kam ins Zimmer.

„Du hast die Augen offen", jubelte die Stimme, die zum Streichler gehörte.

Wunderbar. Wieder eine Erkenntnis mehr. So langsam würde ich die Welt schon ordnen können.

Der Junge trug mich runter, den wunderbaren Gerüchen entgegen. Vielleicht bekam ich heute ja etwas anderes als die ewige Milch. Meine spitzen Zähnchen verlangen nach etwas Bissfesterem und dem Duft nach gab es Brathähnchen. Mhmmm ... Es roch genauso gut wie das von Sarah. Ob es ihnen wohl gut ging? Vielleicht wohnten sie sogar in der Nähe und ich konnte sie eines Tages ausfindig machen?

Die Frauenstimme beugte sich über mich und plötzlich baumelte ein blauer Stein vor meiner Nase. Instinktiv angelte ich danach und bekam das Lederband tatsächlich zu fassen. Stolz zog ich es zu mir – und dachte, mich zwickt ein Fuchs!

Aufgeregt schnupperte ich noch mal.

Es konnte doch eigentlich gar nicht sein?!

Die Schnur roch nach mir.

„Na los, du Schlingel. Lass los."

Das war Sarah.

Ich war bei Sarah zuhause.

Bevor ich so richtig begreifen konnte, was das bedeutete, lenkte mich ihr Gespräch ab.

„Wie nennen wir es denn?"

„Ich weiß nicht ... Linus?"

Sie sprachen von mir!

„Ist das wirklich eine gute Idee? Musst du dann nicht dauernd daran denken?"

„Das ist es ja gerade, Mama. Ich will an ihn denken. Er war doch mein bester Freund."

Und du meiner!

„Na gut. Aber ich fürchte, es geht trotzdem nicht."

„Wieso?"

Wieso?

„Wenn, dann müssten wir das Kätzchen Lina nennen. Es ist doch ein Mädchen."

Wie bitte?

Alarmiert setzte ich mich auf den Po und suchte.

Tatsächlich.

Ich war ein Mädchen.

Na besten Dank, Karma. Für alles.

Da ich nicht wusste, ob ich schnurren oder fauchen sollte, tappte ich zu Krümel und rollte mich auf seinem Schoß zusammen.

Wer hätte das gedacht? Karma hatte Sinn für Humor. Einen schrägen, aber immerhin.

E N D E

Über die Autorin

Izzy O'Brian spielt für ihr Leben gern. Mit Worten, Gefühlen, dem Leben ihrer Hauptfiguren ... Weder Held noch Bösewicht sind vor ihrem speziellen Humor und ihrer Lust am Quälen sicher. Daher hat sie bis jetzt in erster Linie Dystopien und Dark Fantasy geschrieben. „Linus" ist ihr erster Roman ohne düster-fantastische Elemente. Stattdessen gibt es einen mürrisch-liebenswerten Kater und ein eigenwilliges Karma.

Weitere Veröffentlichung:

Die Kurzgeschichte „Filou" ist in der Anthologie „Drachenlachen – Fauchen und Flammen" ebenfalls im Machandel Verlag erschienen.

Leseprobe aus „Filou"

„Du bist ein Sexgott, du bist ein Sexgott!"

„Halt die Schnauze!"

„Du bist unwiderstehlich. Die Frauen liegen dir zu Füßen!"

„Schnauze, hab ich gesagt!"

„Du kannst sie haben. Du..."

Der Rest ging in einer Socke unter.

Friedrich-Aloisius von Umstam (kurz Filou genannt) warf dem ihm anvertrauten Menschen einen vorwurfsvollen Blick zu.

„Nmm ha humm!"

„Ich kann dich leider nicht verstehen."

Wütend zerrte Filou am Stoff herum und dachte sehnsüchtig an seine eigentliche Gestalt. Und an den Feueratem, mit dem er beide Probleme – Socke und Mensch – zeitgleich hätte rösten können.

Endlich bekam er eine Falte zu fassen und ließ den Knebel angewidert zu Boden fallen. Er holte tief Luft und stemmte die Pfötchen in die Seite, um seinen Mandanten möglichst eindrucksvoll anzufunkeln. Wirkte bloß nicht, da dieser ihn keines Blickes würdigte, sondern stirnrunzelnd an dem fransigen Etwas herumzupfte, von dem er behauptete, es sei eine Frisur.

Noch so etwas, das mit einem kleinen Flämmchen – nein. Filou schob den Gedanken weit weg. So würde er ihn nie zurückbekommen, seinen wunderbar perfekt geformten Körper mit den funkelnden Schuppen und ...

„Hör auf zu träumen, Zwerg."

Ein Finger pikste in seine empfindliche Flanke und Filou krümmte sich zusammen. Nicht nur, dass er winzig war – er war auch noch kitzlig! Das hätte wirklich nicht auch noch sein müssen. Bloß weil er den Hintern von Karma ein wenig angesengt hatte... Der sollte sich mal nicht so haben. War schließlich noch mehr als genug übrig.

„Jetzt sag schon!"

Der Finger näherte sich erneut und Filou huschte rasch auf die andere Schulter.

„Soll ich die Haare so machen... oder besser so?"

„Weder noch. Aber Abschneiden würde helfen."

„Du klingst wie meine Mutter."

Filou seufzte tief.

Ausgerechnet er, der Schönste von allen, dem jeder weibliche Drache – und unter uns gesagt, auch die meisten männlichen – sabbernd zu Pfoten gelegen hatte, musste seit ein paar Tagen in dieser unansehnlich winzigen Gestalt als Beautyberater, Flirtlehrer und Motivationstrainer fungieren.

Und er musste dabei *nett* sein.

Klar, man hatte ihn geschrumpft, damit er erst gar nicht in Versuchung kam, auch den zweiten Mandanten seines Lebens zu flambieren. Das bisschen Restwärme, das er noch erzeugen konnte, reichte gerade, um einen passablen Lockenstab abzugeben. Aber er hatte sich ohnehin schon sicherheitshalber für einen Menschenmann als Mandanten entschieden. Ein zweites Fiasko konnte er sich nicht erlauben. Hatte er denn ahnen können, dass Karma wirklich so sauer war und die Definition „Mann" deutlich weiter dehnte, als erlaubt sein sollte?

Drachenlachen

Flammen und Fauchen

Anthologie
12 Drachengeschichten für Erwachsene
ISBN 978-3-95959-199-7
306 Seiten, 12,90 Euro, Ebook 2,99 Euro

Flammen und Fauchen sind ihre Spezialität, Schätze ihre Leidenschaft, Prinzessinnen ihre Leibspeise. Allerdings versteht ein Drache unter einem Schatz nicht immer dasselbe wie ein Mensch, und was die Prinzessinnen angeht – mal ehrlich, eine saftige junge Kuh schmeckt viel besser!

Dennoch sollte ein Mensch, der sich einem Drachen nähert, lieber vorsichtig sein. Gegen meterlange Drachenkrallen haben selbst die besten Schwerter keine Chance, und was den Verstand der Drachen angeht, der ist noch schärfer und tückischer als ihre Krallen!

Drachenlachen

Flammen und Fauchen

Machandel Verlag

Danksagung

Die Entstehung eines Buches gleicht einer Geburt – braucht aber eindeutig mehr Helfer, die außerdem noch deutlich länger Ausdauer und Geduld beweisen müssen, bis das Papier-Baby endlich das Licht der Druckerei erblickt.

Mein „Linus" hat jedenfalls mehr Unterstützer als Krallen an der Pfote.

Besonders danken möchte ich meiner Verlegerin, Charlotte Erpenbeck. Liebe Charlotte, du hast mir voller Vertrauen Raum und Rahmen für die Veröffentlichung geboten. Durch dich hat mein Linus die Sicherheit eines guten Zuhauses gefunden.

Als liebevolle, tüchtige Hebammen haben mich Laura Kier und Petra Schmidt begleitet. Ihr habt gelacht, geweint, notfalls auch gescholten, gedrängt und sowohl Linus als auch mir an den richtigen Stellen die Krallen gestutzt. Danke für eure Begleitung, Unterstützung und vor allem dafür, dass ihr ein Teil meines Lebens seid.

Natürlich braucht so ein Papier-Baby auch Eltern. Im Fall von Linus sind das mein Mann, der mir stets die Zeit zum Schreiben freiräumt. Mein Kater, der mir in vielem – mürrisch, aber gleichzeitig voller Zuneigung – Modell stand. Und ganz besonders mein Sohn. Danke für eure Liebe.

Eigentlich sollte der Platz auf den folgenden zwei Seiten meiner guten Freundin Petra Schmidt gehören, um Werbung für ihre eigenen Bücher zu machen. Aber ein Hund macht eben nie, was ihm die Katze sagt...

Nachwort der Autorin und Lektorin Petra Schmidt

Obwohl ich (fast) alle Tiere mag, muss ich zugeben, dass ich als bekennender Hunde-Mensch auf Katzen nicht immer gut zu sprechen bin.

Und ausgerechnet ich schreibe ein paar Zeilen in einem Katzenbuch.

Naja, es ist ja auch nicht irgendein Katzenbuch. Sondern ein ganz besonderes Buch, von einem ganz besonderen Kater, aus der Tatze - ähm Feder - einer ganz besonderen Autorin.

Einer Katzennärrin, Kollegin und guten Freundin - fast schon einer Seelenverwandten, wenn sie ein Hund wäre.

Es freut und ehrt mich ungemein, dass ich in ihrem ersten Buch meine Pfotenabdrücke hinterlassen darf. Vielen Dank dafür, dass ich als eine der Ersten Linus kennen- und lieben lernen durfte, ihm ein wenig das

Laufen beibringen durfte. Und Danke für den Platz in deinem Buch und deinem Herzen.

Auf jeden Fall wünsche ich dir, meine liebe Izzy, und vor allem Linus eine großartige Fangemeinde. Ihr beide habt es mehr als verdient.

Alles Liebe von mir.

Und damit ich keinen Ärger mit der Autorin bekomme, hier noch der Link zu meiner Seite:
https://www.petrasseiten.com

Inhaltsverzeichnis